動物化するポストモダン

オタクから見た日本社会

東 浩紀

講談社現代新書

1575

動物化するポストモダン

オタクから見た日本社会

東 浩紀

講談社現代新書

目次

第一章……オタクたちの疑似日本

1――オタク系文化とは何か

「オタク系文化」の構造に現れているポストモダンの姿

「**オタク**」という言葉を知らない人はいないだろう。それはひとことで言えば、コミック、アニメ、ゲーム、パーソナル・コンピュータ、SF、特撮、フィギュアそのほか、たがいに深く結びついた一群のサブカルチャーに耽溺する人々の総称である。本書では、この一群のサブカルチャーを「**オタク系文化**」と呼んでいる。

コミックやアニメに代表されるオタク系文化は、いまだに若者文化としてイメージされることが多い。しかし実際には、その消費者の中心は一九五〇年代後半から六〇年代前半にかけて生まれた世代であり、社会的に責任ある地位についている三〇代、四〇代の大人たちである。彼らはもはやモラトリアムを楽しむ若者ではない。この意味でオタク系文化はいまや日本社会のなかにしっかりと根を下ろしている。

また、オタク系文化はJポップのような国民的広がりをもつ文化ではないが、決してマイナーな文化でもない。同人誌市場の規模や専門誌の販売部数、ネット上の検索エンジンへの登録数などから推測するに、オタク系の消費者は、二次創作（詳しくは後述する）を売買したり、コスプレをしたりといったきわめて活動的な層に限っても、数十万の規模を下ることはないと思われる。そしてさらに付け加えれば、オタク系文化はもはや日本だけの現象でもない。オタクたちが作り上げたコミックやアニメ、ゲームなどの独特の世界は、一般紙でもたびたび報道されるように、韓国や台湾を始め、アジア地域のサブカルチャーに深い影響を与えている。

最後にもうひとつ加えれば、いまだパソコン通信しかなかった八〇年代に始まり、現在まで、日本のネット文化の基礎はオタクたちによって築かれている。オタク系のウェブサイトや掲示板が多いというだけでなく、プロバイダのFTPサイト名にアニメキャラクターの名前があてられていたり、ワープロソフトや表計算ソフトの解説書の例文に何気なくノベルゲームの一節が紛れ込んでいたりと、その痕跡は陰に陽にあらゆる場所に確認できる。

したがって、いま、日本文化の現状についてまじめに考えようとするならば、オタク系文化の検討は避けて通ることができない。ところがこの「オタク」という言葉には、一九八八年から八九年にかけて宮崎勤が起こした連続幼女誘拐殺人事件のため、いまだに独特の負荷がかかり続けている。

オタクという言葉はもともと、七〇年代に台頭した新たなサブカルチャーの担い手を指すものだった（注1）。ところが不幸なことに、その言葉はこの猟奇事件をきっかけとして社会的に認知されてしまい、そのためオタクといえば、非社会的で倒錯的な性格類型を広く連想させることになってしまったのである。宮崎事件の直後、ある週刊誌は、オタクとは「人間本来のコミュニケーションが苦手で、自分の世界に閉じ込もりやすい」人々だと解説しているが（注2）、このような理解はいまでも一般的だろう。

他方にはまったく逆の立場もある。一般にはあまり知られていないが、オタクという言葉はじつは、九〇年代、特定の世代のオタクたちによってきわめて積極的に使われてきた。宮崎事件を契機とした激しいバッシングが、逆にオタクたち自身の強い反発を生み出し、彼らは今度は過剰に「オタクであること」を意識するようになったのである。オタクたちのそのような自負はなかなかマスメディアに乗らなかったが、九五年に『新世紀エヴァンゲリオン』がヒットし、オタク系文化に社会的注目が集まるにしたがって徐々に表面に出始めた。そのひとつの例が、九六年に批評家の岡田斗司夫が出版した『オタク学入門』である。そこでは冒頭で、「オタク」という言葉が差別表現になっている現状に疑問が示され、オタクとは「進化した視覚を持つ人間」であり、高度消費社会の文化状況に対応した「ニュータイプ」なのだと再定義されている（注3）。誇大妄想的にも見えるこのような主張には、逆に当時のオタクたちがいかにバッシングに怯えていたか、その恐怖心がはっきりと窺える。

宮崎事件により生じたこのような分裂は、九〇年代が終わるまで、オタク系文化について客観的に正面切って語ることを難しくしていた。一方で、権威あるマスメディアや言論界ではいまだにオタク的な行動様式に対する嫌悪感が強く、オタク系文化についての議論は、内容以前にそのレベルで抵抗にあうことが多い。実際、筆者自身、かつてアニメについての小著の企画が持ち上がったときに、ある有名な批評家から強い反発を受けて驚いたことがある。

他方で、どちらかといえば反権威の空気が強いオタクたちには、オタク的な手法以外のものに対する不信感があり、アニメやゲームについてオタク以外の者が論じることそのものを歓迎しない。現代思想の学術誌で論壇に現れ、出自的にはサブカルチャーの世界から遠い筆者は、この点でも一部から反発を受けてきた。つまり、簡単に言えば、一方にはオタクなどにそもそも価値を認めない人々が、他方にはオタクについては特定の集団だけが語る権利をもっていると考える人々がいて、その両者のどちらにも加担しない立場を取るのはきわめて難しかったのだ。

本書の企図は、そのような機能不全を修復し、オタク系文化について、そしてひいては日本の現在の文化状況一般について、当たり前のことを当たり前に分析し批評できる風通しのよい状況を作り出すことにある。そしてそれはまた、私たちの社会をよりよく理解することにも繋がるはずだ。文学に歴史があり、美術に歴史があるように、オタク系文化にも、四〇年という短い期間ながら歴史があり、その歩みは確かに私たちの社会の変遷を映している。その歴史を「サブカルチャー史」として縦に辿ることも可能だろうが、ここで筆者が行いたいのは、むしろその歴史を横に見て、オタク系文化の変遷とその外側の社会的変化との関連を取り出してみること、そしてその過程を通じて、オタク系文化のような奇妙なサブカルチャーを抱えてしまった私たちの社会とはどのような社会なのか、少し真剣に考えてみることである。だから以下の議論は、筆者と知識や世代を共有するオタクたちにも向けられているが、同時に、オタクのことなど考えたこともないし、考えたくもないと思っている多くの読者にも向けられている。

　オタク系文化の構造には私たちの時代（ポストモダン）の本質がきわめてよく現れている、という筆者の考えが、少しでも多くの読者を納得させ、それぞれの立場での世の中の理解に役立てば、これに越した喜びはない。

オタクの三つの世代

　ところで本書において、「オタク文化」ではなく、「オタク系文化」といういささか曖昧な表現を用いている理由について、簡単に述べておきたい。前述のような複雑な状況のため、九〇年代、「オタクとは何か」「オタク的なものとは何か」「だれがオタクでだれがオタクではないのか」という問題については、オタクたちのあいだで莫大な議論が積み重ねられてきた。しかし、筆者自身の経験から言って、このような問いに結論を出すのは不可能であり、突き詰めても各人のアイデンティティを賭けた感情的な遣《や》り取りしかでてこない。筆者がここで「系」という曖昧な表現に込めているのは、そのような不毛な議論はとりあえず棚上げにして、少し大雑把に話を進めよう、というメッセージである。

それでもあえて付け加えれば、その曖昧な「オタク系」なるものについても、つぎの二つのことは言える。一つは、一群のオタク系サブカルチャーの起源は、基本的には六〇年代だと思われること（注4）、そしてもうひとつは、オタク系文化の担い手は、いま、大雑把に三つの世代に分かれているように思われることである。

その三つというのは、六〇年前後生まれを中心とし、『宇宙戦艦ヤマト』や『機動戦士ガンダム』を一〇代で見た第一世代、七〇年前後生まれを中心とし、先行世代が作り上げた爛熟し細分化したオタク系文化を一〇代で享受した第二世代、八〇年前後生まれを中心とし、『エヴァンゲリオン』ブームのときに中高生だった第三世代、とても分けられるもので、この三つのグループの趣味志向はそれぞれ微妙に異なっている。

たとえば、コミックやアニメ、コンピュータは世代を越えて強い関心を集めているが、第一世代でSFやB級映画に向けられていた関心は、第三世代ではおおむねミステリやPCゲームへの関心に置き換えられている。また、第三世代は一〇代半ばにインターネットの普及を迎えており、その結果、彼らの同人活動の中心はウェブサイトに、イラストの中心はCGに変わり、先行世代とは流通経路も表現形式も大きく変わっている（注5）。本書の議論は、そのなかで、どちらかといえば第三世代の新しい動きに焦点をあてて組み立てられている（注6）。

2――オタクたちの疑似日本

ポストモダンとは何か

オタク系文化の構造には**ポストモダン**の本質がきわめてよく現れている、といま筆者は記した。「ポストモダン」というこの言葉もまた、どこかで聞いたことがある読者が多いだろう。「ポスト」とは「後に来るもの」を、「モダン」とは「近代」を意味する。したがって「ポストモダン」とは、文字通りには「近代の後に来るもの」を意味する。この言葉は、一九六〇年代あるいは七〇年代以降の文化的世界を広く捉えるため、現代思想や文化研究の分野でしばしば使われている。

いまから三〇年ないし四〇年前、日本、ヨーロッパ、アメリカなどの高度資本主義社会では、「文化とは何か」を規定する根本的な条件が変容し、それにしたがって多くのジャンルが変貌した。たとえば、ロックミュージックが台頭し、SFX映画が台頭し、ポップアートが台頭し、LSDとパーソナル・コンピュータが生まれ、政治が失墜し、文学が失墜し、「前衛」の概念が消滅した。私たちの社会はこの巨大な断絶のあとに位置しており、したがって、現在の文化状況を、五〇年前、一〇〇年前の延長線上に安直に位置づけることはできない。たとえば、ミステリやファンタジーやホラーに支配されたエンターテインメント小説の現状を、近代日本文学の延長線上で理解しようとしても絶対に無理がくる。そのような断絶の存在は、専門家に限らず、多少ともまじめに現在の文化に触れている人ならば、だれでも感覚的に察知できることだと思う。現代思想や文化研究の分野では、その常識的な直観を「ポストモダン」という言葉で呼んでいるだけの話だ。

本書では以下、この「ポストモダン」という言葉が繰り返し使われる。しかし、紙幅の都合上、本書ではその概念について詳しい解説を行うことはできない。ポストモダンの定義についてはさまざまな紹介本が出版され、また筆者自身も別に理論書を準備中なので、興味のある方はそちらを参照していただきたい。むろん以下の論述では、そのような参考書がなくても理解が進むように、適宜必要な概念については解説を加えている。ここではとりあえず、六〇年代あるいは七〇年代以降、より狭く取れば、日本では七〇年の大阪万博をメルクマールとしてそれ以降、つまり、「七〇年代以降の文化的世界」のことをポストモダンと呼ぶのだ、と大雑把に理解してもらえばそれでいい。

この前提のうえで、筆者は以下、オタク系文化とポストモダンの関係を中心に、さまざまな実例を挙げながら議論を進めていきたい。しかしその前にひとつ、その主題から離れるが、オタク系文化の本質を知るためにぜひ確認しておかねばならないことがある。それはオタクと日本の関係である。

オタク系文化のもつ日本的なイメージ

オタク系文化の特徴については、いままで日本の伝統文化との比較で語られることが多かった。たとえば批評家の大塚英志は、八九年に出版された『物語消費論』で、八〇年代に急増した二次創作の存在意義を、歌舞伎や人形浄瑠璃で用いられる「世界」や「趣向」という概念を用いて分析している。この議論は前掲の『オタク学入門』に暗に取り入れられており、岡田はそこでは、オタクたちは作品のメッセージよりもむしろ「趣向」を読み解くことに重点を置き、そのセンスは江戸時代の「粋」と直結していると主張している（注7）。『オタク学入門』の最後の章は、「オタクは日本文化の正統継承者である」と題されている。

これらの指摘はおもにオタクたちの消費行動に注目してなされているが、より内容に即しても、オタク系文化と伝統文化の連続性は随所で指摘されている。そのなかでもっとも有名なものは、おそらく現代美術家の村上隆の主張だろう。彼によれば、七〇年代にアニメーターの金田伊功が達成した独特の画面構成は、狩野山雪や曾我蕭白らの「奇想」に連なり、また、九〇年代に原型師のボーメや谷明が先導したフィギュア造形の進化は、仏像彫刻の歴史を反復している（注8）。

このような論客たちの議論を横に置いたとしても、オタク系作品がもつ日本的なイメージへの親和性はだれでも簡単に見て取ることができる。たとえば、八〇年代の初めにカルト的な支持を集めていた高橋留美子のコミック『うる星やつら』は、民俗学的なアイテムとSFファンタジーが混淆した、独特の作品世界で知られている。鬼や雪女や弁財天をモチーフとした宇宙人＝異人たちが、セクシュアルな衣装を纏っては次々と現れて事件を起こしていくこのドタバタ・コメディは、オタクの幻想が日本的な意匠に囲まれてはじめて成立するものであることをよく表している。

日本的なイメージに向けられたこのような愛着は、アニメやゲームが世界的に受容されるようになった現在でも、いまだオタク系文化を広く深く規定している。というより、むしろいまでは、その愛着こそがオタクの条件だと考えられていると言える。

たとえば九六年に佐藤竜雄が作ったTVアニメ『機動戦艦ナデシコ』は、オタク系文化と日本的イメージとの以上のような込み入った関係を意識的に相対化し、さらにメタフィクション的なトリックを仕掛けた秀作である。この作品の主人公はアニメオタクであり、同時に、戦闘ロボットに乗る戦士でもある。この二つの設定は、当初、ロボットもののヒーローアニメに憧れる主人公が、まさにアニメのようにヒーローとしてロボットに乗るという幸福なサイクルで結ばれている。しかし物語の途中、じつは主人公たちの「敵」とは、主人公自身が憧れていたロボットアニメを国家綱領の軸として採用した、日本人ばかりで作られた軍事国家であったことが明らかになる。したがって物語の後半の主人公は、ヒーローアニメに素朴に同一化していたかつての自分、オタクだった自分を自己批判しつつ、同類のオタクが勘違いして作り上げた軍事国家と戦う羽目に陥ってしまうのだ。この作品では、七〇年代のロボットアニメやヒーローアニメが抱えていた右翼的な精神性と同時に、また、そのようなアニメを介してしか生きる目的を学べなかったオタクたちのあり方が、ともに戯画的に抉り出されている。

オタク系文化はこのように、さまざまな面で日本の問題と関係している。オタク系の作品は、日本を主題とすることが多く、日本的な表現を多用し、いかにも日本的に消費されている。したがって従来の議論では、肯定的にであれ否定的にであれ、オタク系文化が日本独自のサブカルチャーであることが繰り返し強調されてきた。

しかし実際には、オタク系文化の影響はいまや広く国外に及んでいる。『カードキャプターさくら』の翻訳版がパリの本屋に積まれ、香港人が作った綾波レイの改造フィギュアがネットオークションで高値を付けているいま、オタク的な感性が日本独自のものだという主張は、もはや以前ほどの説得力をもたなくなっている。オタク系文化の展開を、日本国内での通史としてだけではなく、むしろ世界的なポストモダン化の流れのなかで理解してみよう、という本書の企図は、そのような状況認識のもとで抱かれている。筆者は、決して、オタク系文化の出現が日本独自の現象だと考えていない。それはむしろ、二〇世紀半ばに始まった文化のポストモダン化という大きな流れの、日本における支流のひとつだと捉えるべきだと考えている。だからこそ、オタクたちの作品は国境を越えて支持されているのだ。

オタク系文化の源流はアメリカ

しかしそれならば、逆に、オタクたちはなぜ「日本的なもの」に前述のように固執してきたのだろうか。ここで想起しなければならないのは、オタク系文化の起源はじつは、アニメにしろ、特撮にしろ、SFにしろ、コンピューター・ゲームにしろ、そしてそれらすべてを支える雑誌文化にしろ、戦後、五〇年代から七〇年代にかけてアメリカから輸入されたサブカルチャーだったという事実である（注9）。オタク系文化の歴史とは、アメリカ文化をいかに「国産化」するか、その換骨奪胎の歴史だったのであり、その歩みは高度経済成長期のイデオロギーをみごとに反映してもいる。したがって、もしいま私たちがアニメや特撮の画面構成に日本的な美学を見てしまうのだとすれば、そのときは同時に、つい数十年前までこの国にはアニメや特撮はなかったのであり、それが「日本的」になった過程はかなりねじれたものだったこともまた思い起こしておく必要がある。オタクたちは確かに江戸文化の継承者なのかもしれないが、その両者は決して連続していない。オタクと日本のあいだには、アメリカがはさまっているのだ。

そのねじれた歩みでもっとも分かりやすいものは、おそらくリミテッド・アニメの国産化の過程だろう。リミテッド・アニメとは、フル・アニメと対をなす言葉で、一秒につき八枚の動画（動画一枚につき三コマ撮り）で作られたアニメーションを意味する。この手法はもともと、四〇年代後半のアメリカで、ディズニー的なリアリズムへの反発から生み出された。つまりそれは、当初は、アニメーションという表現媒体の可能性を引き出すために選ばれた、芸術家の側の積極的な選択だったわけだ。しかしその手法は日本では、手塚治虫が作った『鉄腕アトム』以降、TVアニメを効率よく生産するための必要悪へと変わってしまう。劇場映画とは比較にならない短時間と低予算で作られねばならなかった当時のTVアニメは、動画枚数を減らすため、三コマ撮りにかぎらず、循環動画やバンク・システム、会話の口パクなどさまざまな技法に依存せざるをえなかった。そしてその条件は当然のことながら、三〇年代のアメリカで作られた作品と比較して、日本アニメの質を極端に下げることになった。その状況は当時の批評家たちにとっても耐え難いものだったようで、六六年に出版された古典的なアニメーション解説書でもすでに強く批判されている(注10)。また、手塚自身、そのような制作環境に一貫して不満を抱いていたことも広く知られている。

日本のアニメが発達させた独特の美学

しかしここで興味深いのは、続く七〇年代、日本のアニメ業界がその貧しさを積極的に引き受け、逆に独特の美学を発達させてしまったことである。七〇年代のアニメ作家たちは、大きく表現主義と物語主義の二つに分けられると言われている（注11）。前者は、大塚康生、宮崎駿、高畑勲ら東映動画出身の作家たちであり、基本的にフル・アニメ志向の、動きの美学に魅せられたアニメーターである。宮崎や高畑がその理想を達成するのは八〇年代も後半に入ってからだが、六八年に作られた『太陽の王子 ホルスの大冒険』など、ごく初期の作品にもすでにその美学ははっきりと窺える。こちらの方向は、いわば、ディズニーやフライシャー兄弟の伝統に則《のっと》った正統的なアニメーションの追求だと言える。

他方でそれとは別に、りんたろうや安彦良和、富野由悠季、さきほど名前を挙げた金田伊功など、リミテッド・アニメや循環動画、バンク・システムなどの限界を前提としながら、動きの美学とは別の方向で作品の魅力を組織しようとする作家たちもいた。その方向とは、具体的には、『宇宙戦艦ヤマト』や『機動戦士ガンダム』『幻魔大戦』で行われた物語や世界観の充実であり、安彦やスタジオぬえが先導したイラストレーションの洗練であり、さらには、金田が開発した特殊な演出リズムと画面構成（止め絵の美学）などである。そしてまさにこの後者の流れこそが、八〇年代、日本アニメをオタク系文化の中核に押し上げ、また同時に、アメリカで作られる「アニメーション」から遠く離れた、独自の美学をもつジャンルへと成長させていく。

つまり、八〇年代以降のアニメを「オタク的なもの」「日本的なもの」としている多くの特徴は、じつは、アメリカから輸入された技法を変形し、その結果を肯定的に捉え返すことで作り出されたものなのだ。オタク的な日本のイメージは、このように、戦後のアメリカに対する圧倒的な劣位を反転させ、その劣位こそが優位だと言い募る欲望に支えられて登場している。それは明らかに、ラジオや自動車やカメラの小型化への情熱と同じく、高度経済成長期の国家的な欲望を反映している。そしてこのような欲望は、現在でも、岡田にしろ大塚にしろ村上にしろ、オタク系文化を高く評価する論者たちの文章に共通して見られるものである。

オタクたちが好む日本的意匠をこのように捉えると、冒頭に述べたようなオタク系文化の評価をめぐる厄介な状況の裏側にも、宮崎事件の余波だけではなく、さらに深い集団心理の存在が見えてくる。止め絵の美学にかぎらず、大塚が注目した二次創作の氾濫にしろ、『うる星やつら』の民俗学的世界にしろ、オタク系文化の「日本的」な特徴は、近代以前の日本と素朴に連続するのではなく、むしろ、そのような連続性を壊滅させた戦後のアメリカニズム（消費社会の論理）から誕生したと考えたほうがよい。七〇年代にコミケ（コミック・マーケット）をパロディマンガで満たした欲望は、江戸時代の粋というよりは、その一〇年前にアメリカでポップアートを生み出した欲望に近いものだろうし、『うる星やつら』の作品世界もまた決して、民話の延長線上にあるのではなく、ＳＦとファンタジーの想像力が

図1　さくら（右）とセーラーマーズ

『うる星やつら』制作／スタジオぴえろ
『美少女戦士セーラームーン』制作／東映動画

屈折したところに日本的な意匠が入り込んできた、と捉えるのが自然だろう。オタク系文化の根底には、敗戦でいちど古き良き日本が滅びたあと、アメリカ産の材料でふたたび**疑似的な日本**を作り上げようとする複雑な欲望が潜んでいるわけだ。

したがってその姿は、多くの日本人に二律背反的な感情を抱かせてしまう。たとえば、オタク系の小説やアニメでは巫女のイメージは一貫して根強い人気があり、巫女の衣装を着た女性が、超能力を使ったりサイボーグになったり宇宙船に乗ったりする作品が無数に生産されている。『うる星やつら』のさくらや『美少女戦士セーラームーン』のセーラーマーズはそのひとつだ（図1）。

このようなイメージに出会ったとき、ある世代以下では、過度に固着する集団と過度に反発する集団がなぜかくっきりと分かれる傾向にあり、その分裂がオタク系文化についての議論をやりにくくしている。おそらくはそれは、日本的な「巫女」と西洋的な「魔術」という意匠の組み合わせに対して、「どれほどファンタジーが過激になってもそこに巫女は存在する」ことに親近感を覚えるタイプと、「巫女のような純日本的な存在でさえファンタジーの想像力に冒されている」ことに生理的な嫌悪感を抱くタイプの二つに分かれることに起因しているのだろう。つまりそこでは、オタクたちが作り上げた奇妙にねじれた「日本」のイメージ、中学生の制服を着て占星術を唱え魔法のスティックをもった巫女のような、ある意味でめちゃくちゃで醜悪な想像力を認めるのか認めないのか、それが試されているのだ。そのハイブリッドな想像力を「日本のもの」だと言い切れればオタク系の作品を受容できるし、そうでなければ、オタク系の作品はとても耐えられない。

日本文化の背景にある敗戦の傷跡

オタク系文化の日本への執着は、伝統のうえに成立したものではなく、むしろその伝統が消滅したあとに成立している。言い換えれば、オタク系文化の存在の背後には、敗戦という心的外傷、すなわち、私たちが伝統的なアイデンティティを決定的に失ってしまったという残酷な事実が隠れている。オタクたちの想像力を「おぞましいもの」として拒否する人々は、じつは無意識のうちにそのことに気がついている。

筆者はおおむねこのように考えているが、サブカルチャーの現在について語るため、五〇年以上前の出来事を持ち出すことに戸惑われる読者もいるかもしれない。しかし第二次大戦の傷跡は、私たちが想像する以上にこの国の文化全体を規定している。たとえば美術評論家の椹木野衣は、戦後日本の現代美術は長いあいだ敗戦で規定された「悪い場所」のなかで動いており、作家自身がその条件に直面し始めたのはせいぜい九〇年代に入ってからのことだと主張している(注12)。いまやだれもが実感しているように、八〇年代までの日本社会は、敗戦とその後の経済成長が生み出した矛盾の多くを放置し、そのまま九〇年代以降に解決を先送りしてしまった。同じ現象が、表現のさまざまなジャンルでも反復されている。

ポストモダニズムの流行とオタク系文化の伸張

そしてこのような状況に注意を向けると、オタクたちが疑似日本に執着する理由がまた別の角度からも見えてくる。「オタク」という言葉が認知されたのは八九年だが、その存在がひとつの集団として意識され、前述のような疑似日本的な想像力が広く支持され始めたのは、七〇年代から八〇年代にかけてのことだ。そしてそれは日本では、「ポストモダニズム」と呼ばれる思潮が流行し始めた時期とほぼ一致している。編集者の中森明夫がオタクという言葉を商業誌ではじめて使い、経済学者の浅田彰がポストモダニズムのバイブルとなった『構造と力』を出版したのは、ともに同じ八三年だ。

ここで混乱しないでほしいのだが、この「ポストモダニズム」というのは、前述のポストモダンとは異なる概念である。ポストモダンとは七〇年代以降の文化的世界を漠然と指す言葉だが、ポストモダニズムのほうは、ある特定の思想的立場（イズム）を指す言葉であり、はるかに対象が狭い。ポストモダンの時代には独特の思想がいくつも現れたが、そのうちのひとつが「ポストモダニズム」と呼ばれるものだった、と考えてくれればよい。

ポストモダニズムの思想は、六〇年代のフランスで生まれ、七〇年代にアメリカで成長し、八〇年代に日本に輸入された。それはもともと、構造主義やマルクス主義や消費社会論や批評理論の集積からなる複雑で難解な言説であり、したがっておもに大学内で流通するものだった。ところがそれが日本では、八〇年代の半ば、若い世代の流行思想としてむしろ大学の外でもてはやされ、そして時代とともに忘れ去られた。日本のポストモダニズムは、流行思想としては「ニューアカデミズム」と呼ばれることが多い。したがって、日本でポストモダニズム＝ニューアカデミズムが消滅したあとも、英語圏の大学では関係なくポストモダニズムは研究されているし、その後の学問的動向に影響を及ぼしている。このあたりの事情については別の論文で説明したので（注13）、興味のある読者はそちらを参照してもらいたい。いずれにせよ、ここではポストモダニズムの内容はあまり重要ではない。むしろ重要なのは、日本で、その難解な思想がジャーナリスティックに流行してしまったという事実である。

おそらくその流行は、当時すでに一部の批評家が指摘していたように（注14）、八〇年代の日本社会を満たしていたナルシシズムと関係している。当時日本で流行したポストモダニズムの言説は、「ポストモダン的であること」と「日本的であること」を意図的に混同して論じることに特徴があった。当時のポストモダニストが好んだ主張は、要約すればつぎのようなタイプのものである。

ポストモダン化とは、近代の後に来るものを意味する。しかし日本はそもそも十分に近代化されていない。それはいままで欠点だと見なされてきたが、世界史の段階が近代からポストモダンへと移行しつつある現在、むしろ利点に変わりつつある。十分に近代化されていないこの国は、逆にもっとも容易にポストモダン化されうるからだ。たとえば日本では、近代的な人間観が十分に浸透していないがゆえに、逆にポストモダン的な主体の崩壊にも抵抗感なく適応することができる。そのようにして二一世紀の日本は、高い科学技術と爛熟した消費社会を享受する最先端の国家へと変貌を遂げるだろう……。

近代＝西欧に対してポストモダン＝日本があり、日本的であることがそのまま歴史の最先端に立つことを意味する、というこの単純な図式は、歴史的には、戦前の京都学派が唱えた「近代の超克」の反復だと言える。だが同時に、その発想はやはり当時の経済的環境を色濃く反映してもいる。八〇年代半ばの日本は、ベトナム戦争より続く長い混乱期にあったアメリカと対照的に、いつのまにか世界経済の頂点に立ち、バブルへと至る短い繁栄の入口に差しかかっていた。

当時の日本のポストモダニストは、フランスの哲学者アレクサンドル・コジェーヴを好んで参照していたが、この選択ほど彼らの欲望を如実に表しているものはない。第二章でもういちど詳しく説明するように、この哲学者は、ポストモダンにおいて考えられる社会形態として、動物化したアメリカ型社会と、スノビズムに覆われた日本型社会の二つのタイプを挙げたことで知られている。そしてそこでコジェーヴは、日本に対して妙に好意的であり、西洋人のアメリカ化＝動物化よりむしろ日本化＝スノッブ化を予測していた。八〇年代の日本人にとって、当時の日本の繁栄は、まさにこの期待の実現に向かっているもののように思われたことだろう。

これは言い換えれば、当時の日本社会が、前述のようなアメリカへの屈折を表面的には忘れることができたことを意味している。いまやアメリカに勝った、アメリカニズムの日本への浸透はもはや考えなくてもよい、むしろ日本主義のアメリカへの浸透を考えるべきだ、という風潮が、思想的にはポストモダニズムの流行を支えていたのだ。オタク系文化の伸張にも同種の要因が働いている。オタクたちが固執する日本のイメージはアメリカ産の偽物でしかないが、以上のような空気は、まさにその起源を忘れさせてくれるものだからだ。

日本が最先端という幻想

そのような自己肯定的な時代の空気に敏感に反応したオタク系作品としては、たとえば、八五年に作られた石黒昇原作・監督のアニメ『メガゾーン23』を挙げることができるだろう。この作品は、当時の東京がじつはすべて未来の宇宙船内に作られた虚構であり、コンピュータの作り出した仮想現実だった、という設定を導入している。そして物語は、主人公がその虚構性に気がつき、その閉域を飛び出そうともがくことで進んでいく。この設定そのものも興味深いが、さらに注目すべきは、物語の後半、主人公がその虚構を作り出すコンピュータに対して、なぜ八〇年代の東京を舞台として選んだのか、と理由を問いただすことである。

このいささかメタフィクション的な問いに対して、相手のコンピュータは、「その時代が人々にとっていちばん平和な時代だった」からだと答えている（注15）。おそらくその台詞は、オタクたちに限らず、当時の東京に生きる多くの若者たちの共通感覚を伝えていたに違いない。八〇年代の日本ではすべてが虚構だったが、しかしその虚構は虚構なりに、虚構が続くかぎりは生きやすいものだった。筆者は、その浮遊感の、言説における現れがポストモダニズムの流行であり、サブカルチャーにおける現れがオタク系文化の伸張だったと捉えている。

　そのような浮遊感は、あらためて言うまでもなく、バブル崩壊に始まり、阪神・淡路大震災、オウム真理教事件、援助交際や学級崩壊が相次いで話題となった九〇年代にはほとんど消滅してしまった。ところがオタク系文化の周辺においては、その幻想が例外的に生き続けてきたように思われる。というのも、アニメやゲームが世界的評価を獲得し、またその強さが一般に知られるようになったのは、まさに九〇年代に入ってからのことだったからだ。

　実際に、九〇年代後半のオタク系の論客の主張は、かつてのポストモダニズムの言説を知る読者にとっては、懐かしさすら感じさせる独特の古さを帯びている。たとえば岡田は「オタク文化が世界の主流になりつつあるのではないか」と述べ、また村上は「日本は世界の未来かもしれない」と記しているが、これらの発言はじつは、「この三百年、五百年ぐらいで、今ほど日本主義がトレンディな時代はないわけで、浮世絵以上じゃないかな」という八五年の坂本龍一の発言とかぎりなく似ている（注16）。オタク系文化をめぐる言説はこの点で、九〇年代のあいだも、相変わらず八〇年代の浮遊感を継承し、甘美なナルシシズムを生き続けてきたと言ってよい。

アメリカ産の材料で作られた疑似日本

したがってオタク系文化と「日本」の関係は、集団心理的に大きく二つの方向に引き裂かれてきたと言うことができる。オタク系文化の存在は、一方で、敗戦の経験と結びついており、私たちのアイデンティティの脆弱さを見せつけるおぞましいものである。というのも、オタクたちが生み出した「日本的」な表現や主題は、じつはすべてアメリカ産の材料で作られた二次的で奇形的なものだからだ。しかしその存在は、他方で、八〇年代のナルシシズムと結びつき、世界の最先端に立つ日本という幻想を与えてくれるフェティシュでもある。というのも、オタクたちが生み出した疑似日本的な独特の想像力は、アメリカ産の材料で出発しつつ、いまやその影響を意識しないですむ独立した文化にまで成長したからだ。

オタク系文化に向けられる過剰な敵意と過剰な賞賛はともにここから生じているが、結局その両者の根底にあるのは、私たちの文化が、敗戦後、アメリカ化と消費社会化の波によって根こそぎ変えられてしまったことへの強烈な不安感である。いま私たちの手元にあるのは、もはや「アメリカ産の材料で作られた疑似日本」でしかない。私たちはファミレスやコンビニやラブホテルを通してしか日本の都市風景をイメージできないし、またその貧しさを前提としてねじれた想像力を長いあいだ働かせている。その条件を受け入れることができなければオタク嫌いになるし、逆にその条件に過剰に同一化してしまうとオタクになる、そういうメカニズムがこの国のサブカルチャーでは働いているのだ。だからこそ、ある世代より以下の人々は、たいていオタク好きかオタク嫌いかくっきりと分かれてしまうのである。

オタクたちが好む疑似日本の姿について、最後にもうひとつだけ分かりやすい例を挙げておこう。九六年から九七年にかけて放映された、あかほりさとる原作のTVアニメ『セイバーマリオネットJ』は、一見チープなドタバタSFコメディだが、そのためにかえってオタク的な幻想の構造をみごとに反映した、興味深い作品だった。

この作品の舞台は、男性しかいない架空の惑星である。そこでは女性はアンドロイドしかおらず、「マリオネット」と呼ばれている。他方、男性たちも、じつはすべて数人のオリジナルから作られたクローンにすぎない。オリジナルを共有するクローン集団は、それぞれ、直系のクローンに治められて別々の都市国家を作っている。『セイバーJ』はそのなかでさらに、江戸を擬して作られた都市「ジャポネス」を舞台とし、主人公の男性と、あるきっかけから「心」を抱えてしまった三体の特殊なマリオネットたちを中心に進んでいく。

それら三体のマリオネットの役割は、当初主人公にも視聴者にも伏せられている。しかし物語のなかで少しずつ設定が明らかになっていく。作品世界の惑星は地球人の植民星であり、もともとは女性もいるはずだった。女性がいないのは植民船のコンピュータ・トラブルが原因だ。植民船に乗り込んでいた唯一の女性は、いまも冷凍睡眠で保存され、惑星の上空を周回している。しかし、その女性を解凍して惑星に降ろすためには、彼女を独占し保護している狂ったコンピュータを何とかして騙さなければならない。そのために、人間の「心」にかぎりなく近い疑似的なプログラムを育て、女性のかわりに差し出すという計画が作られた。その「心」はあくまでもフェイクなので、真実の心と交換するには三つ存在しなければならない。登場するマリオネットたちは、そのプログラムを育てるために作られた。つまり彼女たちは、じつは、単なる代用品ではなく、オリジナルと交換するために作られたコピー、人間の女性をふたたび降臨させるための生贄だったのだ。この事実を知ることから、主人公の葛藤が始まる。つまりこの作品の主題は、「フェイクな人格しか持たないが長いあいだ連れ添ったマリオネット」と「真実の人格を持つらしいが見たことも聞いたこともない他人」のどちらを選ぶのか、本物に見える偽物と見たことのない本物のどちらを選ぶのか、その二者択一である。

この設定は、コミュニケーション一般の問題だけではなく、オタクたちの世界観をみごとに寓話化している。近くには、あくまでも想像物でしかないが、しかし十分に性的であり、また十分に感情移入ができるキャラクターが存在する。他方、遠くには現実の異性がいるが、それは人工衛星のように手の届かないものであり、かりに届いたとしても、そのときは、長いあいだ築き上げてきたキャラクターへの感情移入を引き替えに捨てなくてはならない。この二者択一の感覚は、次章で詳しく分析するような「キャラ萌え」に駆動された九〇年代のオタクたち、とりわけ、ギャルゲー（これについても後述する）やフィギュアの大きなブームを迎えた男性のオタクたちにとっては、かなり実感に近いものだったように思われる。

江戸の町人文化という幻想

そして本章の文脈でここで注目すべきなのが、そのオタクたちの幻想が営まれる場所が、江戸時代の町人文化に擬した一種のテーマパークのように描かれていたことである。前掲のコジェーヴをはじめとして、日本の江戸時代はしばしば、歴史の歩みが止まり、自閉的なスノビズムを発達させた時代として表象されてきた。そして高度経済成長以降の日本は、

「昭和元禄」という表現があるように、自分たちの社会を好んで江戸時代になぞらえていた。ポストモダニストたちの江戸論は、八〇年代に幾度もメディアを賑わしている。

この欲望のメカニズムは理解しやすい。日本の文化的な伝統は、明治維新と敗戦で二度断ち切られている。加えて戦後は、明治維新から敗戦までの記憶は政治的に大きな抑圧を受けている。したがって、八〇年代のナルシスティックな日本が、もし敗戦を忘れ、アメリカの影響を忘れようとするのならば、江戸時代のイメージにまで戻るのがもっともたやすい。大塚や岡田のオタク論に限らず、江戸時代がじつはポストモダンを先取りしていたというような議論が頻出する背景には、そのような集団心理が存在する。

図2　オタク的な疑似江戸

『セイバーマリオネットＪ』制作/創通映像

したがってそこで見出された「江戸」もまた、現実の江戸ではなく、アメリカの影響から抜け出そうとして作り出された一種の虚構であることが多い。『セイバーＪ』が描くジャポネスは、まさに、そのようなポストモダニスト＝オタクたちの江戸的な想像力のいかがわしさを体現している（図2）。超近代的な科学技術と前近代的な生活習慣を混ぜ合わせて設定されたその光景は、まったくリアリティを欠いている。TVアニメという性格上、登場人物は強いデフォルメでデザインされ、過剰に非現実的な感情表現をする。ジャポネス城は変形してロボットになるし、マリオネットたちの衣装もまた和服に似せてはいるものの、セクシュアル・アピールを強調するため随所に変形が加えられた結果、まるでイメクラのコスチュームのようになっている。低予算で作られたアニメのせいか、映像的にもセルの使い回しが多く、主人公以外の男性たちは、数人を除きほとんど描き分けられることがない。おまけに物語の多くはドタバタ・コメディであり、シリアスな設定と齟齬を起こしている。物語的にも映像的にも、ここにはいかなる深さもなく、いかなる一貫性もない。しかしそれはある意味で、オタク的な疑似日本の戯画であり、また、現代日本の文化状況の戯画でもある。制作者たちがそのようなメッセージを自覚的に込めたとは思わないが、筆者は以上の点で、『セイバーJ』は、オタク系文化の特徴をきれいに反映した隠れた佳作だと考えている。

オタク系文化の重要性

ここまでの議論でも明らかなように、オタク系文化についての検討は、この国では決して単なるサブカルチャーの記述には止まらない。そこにはじつは、日本の戦後処理の、アメリカからの文化的侵略の、近代化とポストモダン化が与えた歪みの問題がすべて入っている。したがってそれはまた政治やイデオロギーの問題とも深く関係している。たとえば、冷戦崩壊後のこの一二年間、小林よしのりや福田和也から鳥肌実にいたるまで、日本の右翼的言説は一般にサブカルチャー化しフェイク化しオタク化することで生き残ってきたとも言える。したがって彼らが支持されてきた理由は、サブカルチャーの歴史を理解せず、主張だけを追っていたのでは決して捉えることができない。筆者はこの問題にも強い関心を抱いており、いつか機会があれば主題的に論じてみたいと考えている。

しかしそれは本書の主題ではない。本書での筆者の関心はオタク系文化のまた別の特徴にあり、そちらは今度は日本という枠組みを越え、より大きなポストモダンの流れと呼応している。オタク系文化について考えることの重要性を理解してもらったところで、いよいよ本論に入ることにしよう。

第二章……データベース的動物

1——オタクとポストモダン

シミュラークルの増殖

オタク系文化の本質とポストモダンの社会構造のあいだに深い関係がある、という筆者の主張は、別にそれだけでは新しいものではない。オタク系文化のポストモダン的な特徴としては、すでにつぎの二点が指摘されている。

ひとつは「**二次創作**」の存在である。二次創作とは、原作のマンガ、アニメ、ゲームをおもに性的に読み替えて制作され、売買される同人誌や同人ゲーム、同人フィギュアなどの総称である。それらはおもに、年二回東京で開催されるコミケや、全国でより小規模に無数に開催されている即売会、またインターネットなどを介して活発に売買が行われている。アマチュアベースとはいえ、この二〇年間、その市場は量的にも質的にもオタク系文化の中核を占め、大量の部数が動き、数多くのプロの作家がそこから育っている。オタク系文化の動向は、商業ベースで発表される作品や企画だけではなく、それらアマチュアベースの二次創作まで視野に入れないと捉えられない。

この特徴がポストモダン的だと考えられているのは、オタクたちの二次創作への高い評価が、フランスの社会学者、ジャン・ボードリヤールが予見した文化産業の未来にきわめて近いからである。ボードリヤールはポストモダンの社会では、作品や商品のオリジナルとコピーの区別が弱くなり、そのどちらでもない「**シミュラークル**」という中間形態が支配的になると予測していた（注17）。原作もパロディもともに等価値で消費するオタクたちの価値判断は、確かに、オリジナルもコピーもない、シミュラークルのレベルで働いているように思われる。

しかもその変化は消費者の側に止まっていない。商業誌で数百万部を売る作家が自ら自作の二次創作を制作し、発売する例はいまや珍しいものではない。たとえば『セーラームーン』の原作者がコミケに出品していたことは広く知られている。また、厳密には二次創作ではないが、『エヴァンゲリオン』の制作会社は自ら本編のパロディ的なソフトをいくつも発売している。そこではもはや、生産者にとってさえ、オリジナルとコピーの区別が消えている。以上に加えて、そもそもオタク系のジャンルではリアリズムの意識が希薄であり、原作とされる作品でさえ、先行作品の模倣や引用で世界が作られることが多いということも挙げられる。現実世界を参照することなく、最初から先行作品のシミュラークルとして原作が作られ、さらにそのシミュラークルのシミュラークルが同人活動によって増殖し、次々と消費されていく。オタク系文化の作品は、近代的なひとりの作家によってではなく、そのような無数の模倣や剽窃《ひょうせつ》の連鎖のなかで生み出されているわけだ。

大きな物語の凋落

もうひとつは、オタクたちの行動を特徴づける**虚構重視**の態度である。その態度は、単に彼らの趣味だけでなく、また人間関係も決定している。オタクたちの人間関係は、親族関係や職場のような社会的現実(と呼ばれるもの)とは関係なく、アニメやゲームの虚構を中核とした別種の原理で決められていることが少なくない。その振る舞いはオタク以前の世代からするとモラトリアムや退行にしか見えないため、ここにときに軋轢が生じることになる。

「オタク」という総称は、一九七〇年代から八〇年代にかけて、オタクたちがたがいに「おたく」と呼び合っていたことから生まれた。批評家の中島梓は、『コミュニケーション不全症候群』で、この呼び名にはオタクの本質がすでにはっきり現れていると論じている。「お宅、という語が示すものは、その関係の個人的でないこと、家単位の関係、自分のテリトリーをしょってここにいるのであるということの主張である」と彼女は記している。そのようなテリトリーが必要とされるのは、中島によれば、オタクたちが、父親や国家の権威が失墜したのち、それでも帰属すべき集団を探さなければならないからだという。オタクたちが「どでかい紙袋に山のような本や雑誌や同人誌や切抜きをつめこんでヤドカリの移動さながらどこへゆくにも持ち歩く」のは、彼らがつねに、「自我の殻」を、すなわち帰属集団の幻想そのものを持ち歩かなければ精神的に安定しないからだ(注18)。「おたく」という二人称には、そのような帰属集団の幻想をたがいに承認しあう役割が与えられている。この中島の指摘は重要である。オタクたちは確かに、社会的現実よりも虚構のほうを重視している。ジャーナリズムはしばしば、この観察から安易にオタクたちは現実とゲームの区別もつかないと結論づけている。

しかしそのような結論は賢明ではない。オタクたちがすべて精神病者というわけではない以上、虚構と現実の区別がつかなくなることはありえない。むしろその選択は、中島が説明したように彼らのアイデンティティと関係している。オタクたちが社会的現実よりも虚構を選ぶのは、その両者の区別がつかなくなっているからではなく、社会的現実が与えてくれる価値規範と虚構が与えてくれる価値規範のあいだのどちらが彼らの人間関係にとって有効なのか、たとえば、朝日新聞を読んで選挙に行くことと、アニメ誌を片手に即売会に並ぶことと、そのどちらが友人たちとのコミュニケーションをより円滑に進ませるのか、その有効性が天秤にかけられた結果である。そのかぎりで、社会的現実を選ばない彼らの判断こそが、現在の日本ではむしろ社会的で現実的だとすら言える。オタクたちが趣味の共同体に閉じこもるのは、彼らが社会性を拒否しているからではなく、むしろ、社会的な価値規範がうまく機能せず、別の価値規範を作り上げる必要に迫られているからなのだ。

そしてこの特徴がポストモダン的だと言えるのは、単一の大きな社会的規範が有効性を失い、無数の小さな規範の林立に取って替わられるというその過程が、まさに、フランスの哲学者、ジャン゠フランソワ・リオタールが最初に指摘した「大きな物語の凋落」に対応していると思われるからである（注19）。一八世紀末より二〇世紀半ばまで、近代国家では、成員をひとつにまとめあげるためのさまざまなシステムが整備され、その働きを前提として社会が運営されてきた。そのシステムはたとえば、思想的には人間や理性の理念として、政治的には国民国家や革命のイデオロギーとして、経済的には生産の優位として現れてきた。「**大きな物語**」とはそれらシステムの総称である。

近代は大きな物語で支配された時代だった。それに対してポストモダンでは、大きな物語があちこちで機能不全を起こし、社会全体のまとまりが急速に弱体化する。日本ではその弱体化は、高度経済成長と「政治の季節」が終わり、石油ショックと連合赤軍事件を経た七〇年代に加速した。オタクたちが出現したのは、まさにその時期である。そのような観点で見ると、ジャンクなサブカルチャーを材料として神経症的に「自我の殻」を作り上げるオタクたちの振る舞いは、まさに、大きな物語の失墜を背景として、その空白を埋めるために登場した行動様式であることがよく分かる。

この点でもうひとり参考になるオタク論を展開しているのが、社会学者の大澤真幸である。彼は九五年の「オタク論」で、オタクたちにおいては内在的な他者と超越的な他者の区別が「失調」しており、そのため彼らはオカルトや神秘思想に強く惹かれるのだ、と分析している(注20)。ここで「内在的な他者と超越的な他者の区別」というのは、平たく言えば、自分の身の回りにある他人の世界(経験的世界)と、それらを超えた神の世界(超越的世界)の区別を意味する。オタクたちはその両者を区別できず、その結果、サブカルチャーを題材とした疑似宗教にたやすく引っかかってしまう。そのような失調は、かつての近代社会では個人の未成熟として切り捨てることができただろうが、ポストモダン社会ではそう簡単にはいかない。というのも、私たちが生きているこの社会そのものが、いまや大きな物語の失調によって特徴づけられるものだからだ。伝統に支えられた「社会」や「神」の大きさをうまく捉えることができず、その空白を近くのサブカルチャーで埋めようとするオタクたちの行動様式は、ポストモダンのそのような特徴をよく反映している。

オタク系文化はこのように、シミュラークルの全面化と大きな物語の機能不全という二点において、ポストモダンの社会構造をきれいに反映している。この二点については、先述したもののほかにも随所で論考が積み重ねられており、いまさら付け加えるべきことはあまりない。したがって筆者は本章では、この二点を前提としたうえで、つぎのような二つの疑問を導きの糸として、オタク系文化の、ひいてはそこに凝縮されたポストモダン社会の特徴について考察を進めていこうと思う。

その二つの疑問とは、

(1) ポストモダンではオリジナルとコピーの区別が消滅し、シミュラークルが増加する。それはよいとして、ではそのシミュラークルはどのように増加するのだろうか？　近代ではオリジナルを生み出すのは「作家」だったが、ポストモダンでシミュラークルを生み出すのは何ものなのか？

(2) ポストモダンでは大きな物語が失調し、「神」や「社会」もジャンクなサブカルチャーから捏造されるほかなくなる。それはよいとして、ではその世界で人間はどのように生きていくのか？　近代では人間性を神や社会が保証することになっており、具体的にはその実現は宗教や教育機関により担われていたのだが、その両者の優位が失墜したあと、人間の人間性はどうなってしまうのか？

である。

2——物語消費

『物語消費論』

第一の問いから出発しよう。ここで筆者が注目したいのは、まず、さきほども参照した大塚英志の『物語消費論』である。そこで大塚は、前述のようなシミュラークルの全面化を前提としたうえで、さらに、ではそのシミュラークルがどのような論理に従って生産され消費されているのか、一歩踏み込んだ分析を行っている。後々まで参照するので、詳しく引用しておこう。

コミックにしろ玩具にしろ、それ自体が消費されるのではなく、これらの商品をその部分として持つ〈大きな物語〉あるいは秩序が商品の背後に存在することで、個別の商品は初めて価値を持ち初めて消費されるのである。そしてこのような消費行動を反復することによって自分たちは〈大きな物語〉の全体像に近づけるのだ、と消費者に信じこませることで、同種の無数の商品（「ビックリマン」のシールなら七七二枚）がセールス可能になる。「機動戦士ガンダム」「聖闘士星矢」「シルバニアファミリー」「おニャン子クラブ」といった商品はすべて、このメカニズムに従って、背後に〈大きな物語〉もしくは秩序をあらかじめ仕掛けておき、これを消費者に察知させることで具体的な〈モノ〉を売ることに結びつけている。

［中略］

プログラムそのものへの関心が特定のマニアに限定されているうちはよかったのだが、アニメやコミック、玩具といった限られた分野に関してはこれが明らかに消費者の共通感覚と化しつつあるのが現状だ。ここに今日の消費社会が迎えつつある新たな局面が見てとれる。消費されているのは、一つ一つの〈ドラマ〉や〈モノ〉ではなく、その背後に隠されていたはずのシステムそのものなのである。しかしシステム（＝大きな物語）そのものを売るわけにはいかないので、その一つの断面である一話分のドラマや一つの断片としての〈モノ〉を見せかけに消費してもらう。このような事態をぼくは「物語消費」と名付けたい。

［中略］

しかしこのような〈物語消費〉を前提とする商品は極めて危うい側面を持っている。つまり、消費者が〈小さな物語〉の消費を積み重ねた果てに〈大きな物語〉＝プログラム全体を手に入れてしまえば、彼らは自らの手で〈小さな物語〉を自由に作り出せることになる。例えば以下のようなケースが考えられよう。著作権者であるメーカーに無許可で、誰かが〈スーパーゼウス〉に始まる七七二枚のビックリマンシールのうちの一枚をそっくり複写したシールを作れば、これは犯罪である。こうして作られたシールは〈偽物〉である。これは今までいくらでもあった事件である。ところが同じ人間が、「ビックリマン」の〈世界観〉に従って、これと整合性を持ちしかも七七二枚のシールに描かれていない七七三人目のキャラクターを作り出し、これをシールとして売り出したとしたらどうなるのか。これは七七二枚のオリジナルのいずれを複写したものでもない。したがってその意味では〈偽物〉ではない。しかも、七七三枚目のシールとして七七二枚との整合性を持っているわけであるから、オリジナルの七七二枚とも同等の価値を持っている。〈物語消費〉の位相においては、このように個別の商品の〈本物〉〈偽物〉の区別がつかなくなってしまうケースがでてくるのだ（注21）。

ツリー型世界からデータベース型世界へ

大塚はここで、「小さな物語」という言葉を、特定の作品のなかにある特定の物語を意味するものとして用いている。対して「大きな物語」とは、そのような物語を支えているが、しかし物語の表面には現れない「設定」や「世界観」を意味する。

そして大塚によれば、オタク系文化においては、個々の作品はもはやその「大きな物語」の入口の機能を果たしているにすぎない。消費者が真に評価し、買うのはいまや設定や世界観なのだ。とはいえ実際には、設定や世界観をそのまま作品として売ることは難しい。したがって現実には、実際の商品は「大きな物語」であるにもかかわらず、その断片である「小さな物語」が見せかけの作品として売られる、という二重戦略が有効になる。大塚はこの状況を「**物語消費**」と名づけた。二次創作というシミュラークルの氾濫は、その当然の結果にすぎない。

この指摘はじつは、サブカルチャーの状況分析にとどまらず、ポストモダンの原理論としても示唆的である。ここで簡単に説明しておくと、ポストモダンの到来の前、大きな物語が機能した近代とは、だいたい図3aのような**ツリー・モデル**（投射モデル）で世界が捉えられていた時代である。一方には、私たちの意識に映る表層的な世界があり、他方にはその表層を規定している深層＝大きな物語がある。したがって近代では、その深層の構造を

図３ａ　近代の世界像（ツリー・モデル）

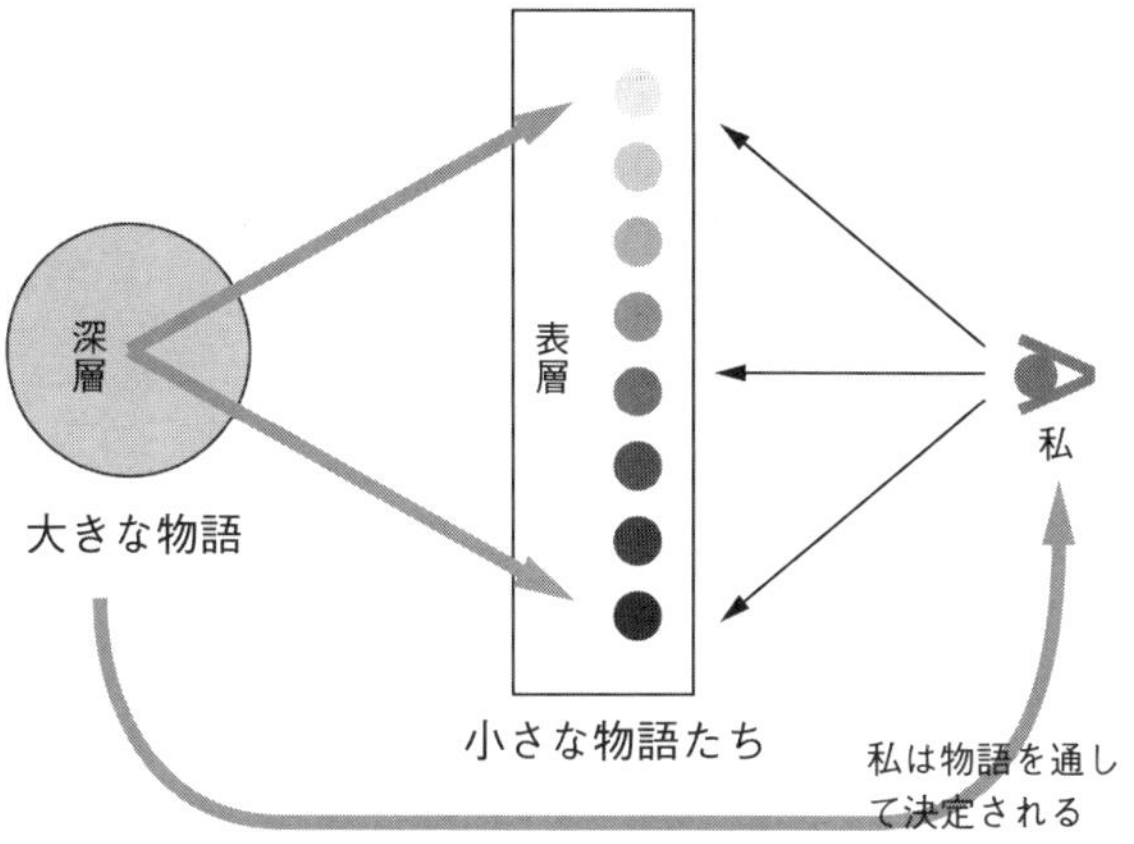

図３ｂ　ポストモダンの世界像（データベース・モデル）

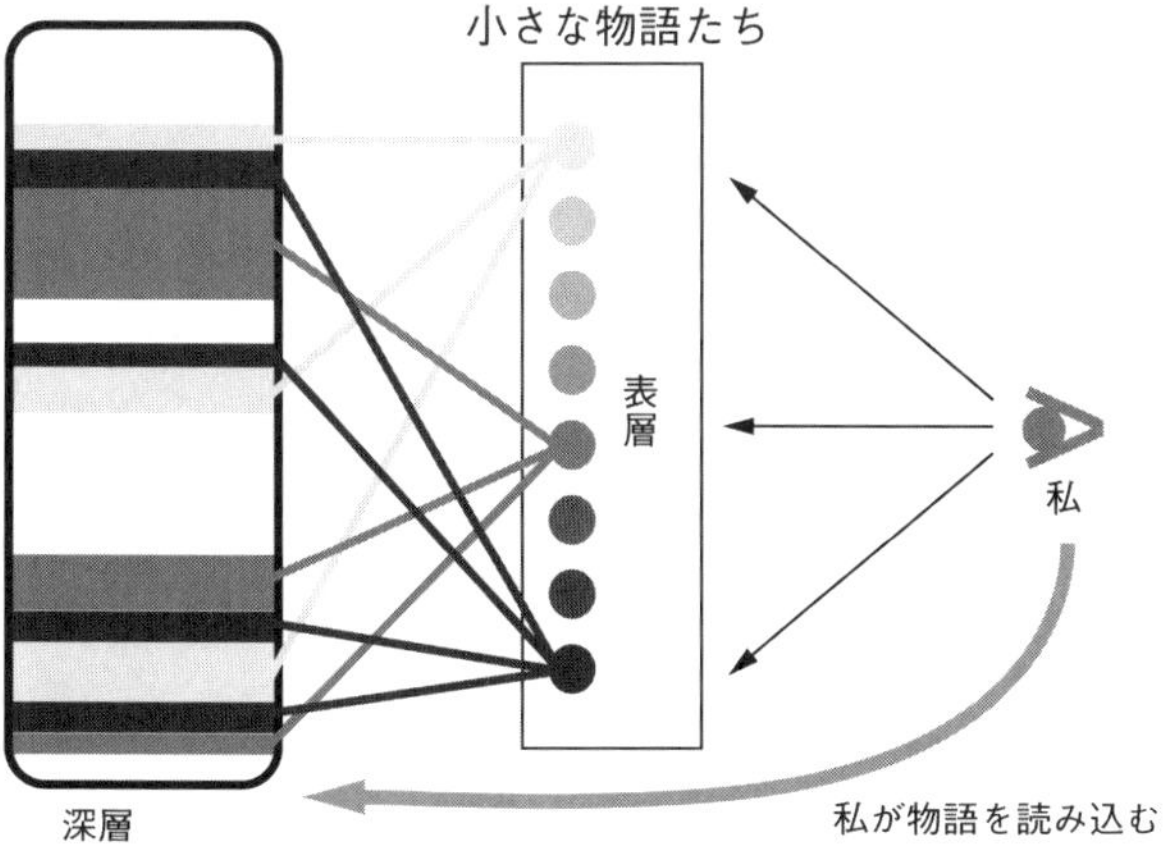

明らかにすることこそが学問の目的だと考えられてきた。

ところがポストモダンの到来によって、そのツリー型の世界像は崩壊してしまった。ではポストモダンの世界はどのような構造をしているのか。一九八〇年代の日本では、そのひとつの候補として、深層が消滅し、表層の記号だけが多様に結合していく「リゾーム」というモデルが示されることが多かった（注22）。しかし筆者の考えでは、ポストモダンの世界は、むしろ図3bのような**データベース・モデル**（読み込みモデル）で捉えたほうが理解しやすい。

その分かりやすい例がインターネットである。そこには中心がない。つまり、すべてのウェブページを規定するような隠れた大きな物語は存在しない。しかしそれはまた、リゾーム・モデルのように表層的記号の組み合わせだけで成立した世界でもない。インターネットにはむしろ、一方には符号化された情報の集積があり、他方にはユーザーの読み込みに応じて作られた個々のウェブページがある、という別種の**二層構造**がある。この二層構造が近代のツリー・モデルと大きく異なるのは、そこで、表層に現れた見せかけ（個々のユーザーが目にするページ）を決定する審級が、深層にではなく表層に、つまり、隠れた情報そのものではなく読み込むユーザーの側にあるという点である。近代のツリー型世界では、表層は深層により決定されていたが、ポストモダンのデータベース型世界では、表層は深層だけでは決定されず、その読み込み次第でいくらでも異なった表情を現す。

筆者の考えでは、このモデルの変更は、単に社会的にインターネットの出現だけではなく、学問的にも、自己組織化や人工生命やニューラル・ネットなど、九〇年代に広く注目された複雑系の科学の発想にはっきりと現れている。しかしここではポストモダン論の細部に踏み込むことはやめておこう。以下の議論を追うためには、とりあえず、近代の世界像がツリー型であるのに対してポストモダンの世界像はデータベース型であり、前者の深層には大きな物語があるが後者の深層にはそれはない、という点だけ押さえてくれれば十分だ。

さて、このような前提のうえでさきほどの大塚の文章を読み返すと、そこに記された物語消費の構造が、まさにこのデータベース・モデルの構造を反映していることが理解できるだろう。「小さな物語」と「設定」の二層構造とは、見せかけと情報の二層構造のことである。物語消費に支配されたオタク系文化においては、作品はもはや単独で評価されることがなく、その背後にあるデータベースの優劣で測られる。そしてそのデータベースはユーザーの側の読み込みによっていくらでも異なった表情を現すのだから、ひとたび「設定」を手に入れてしまえば、消費者はそこから原作と異なった二次創作をいくらでも作り出すことができる。この状況を表層でだけ捉えれば、オリジナルの作品＝原作が無秩序にシミュラークルの海に呑み込まれていくように見える。しかし実際には、それは、まずデータベース＝設定があり、その読み込み方によって、原作もできれば二次創作もできるという現象だと捉えたほうがよい。

つまりオタク系の消費者たちは、ポストモダンの二層構造にきわめて敏感であり、作品という**シミュラークルが宿る表層**と設定という**データベースが宿る深層**を明確に区別しているのだ。この二層構造は、以下、本書のなかで幾度も登場するので、ここでしっかりと頭に入れておいてもらいたい。

3――大きな非物語

大きな物語の凋落とその補塡としての虚構

この大塚の指摘はいまも基本的に有効性を失っていない。しかし筆者はそこにひとつ修正を加えたい。大塚は設定や世界観のことを「大きな物語」と呼んでいた。彼がその言葉を用いたのは、当時流行していたポストモダニズムの影響だけでなく、一九八〇年代末ではまだオタク系作品にひとつの世界観や歴史観を見出すことが一般的だったからである。たとえば『ガンダム』においては、七九年に放映された最初のTVシリーズ以降、『機動戦士Zガンダム』『逆襲のシャア』『機動戦士ガンダムZZ』などと続く作品のほとんどが、同じ架空の歴史に属するものとして構想されている。したがって『ガンダム』のファンたちの欲望は必然的にこの偽史の精査と充実に向かうのであり、事実、『ガンダム』の関連書籍はつねにメカニックのデータや年表に覆われている。そこでは確かに、中島梓が指摘したとおり、現実とは別の物語＝虚構が作られている。

そしてその虚構の物語は、ときに現実の大きな物語（政治的なイデオロギー）の替わりとして大きな役割を果たしている。そのもっとも華々しい例が、サブカルチャーの想像力で教義を固め、最終的にテロにまで行き着いてしまったオウム真理教の存在である。大澤真幸が『虚構の時代の果て』で分析したように（注23）、七〇年代の連合赤軍と九〇年代のオウム真理教の違いは、ただ、前者が共産主義という社会的に認知された物語を信じたのに対し、後者がオウム真理教という認知されにくい物語を信じていたことにあるにすぎない。

八〇年代の物語消費もまた、同じような社会的条件を背景に登場している。大塚自身が物語消費の台頭の理由として、現代社会における「異界」や「死」の消滅、つまり超越的なものの消滅を指摘している（注24）。したがって、彼がサブカルチャーを支える設定や世界観の集積を「大きな物語」と呼んだのはまったく適切だったとも言える。八〇年代の状況では、それは確かに、大きな物語の凋落を補うために作られたもののように見えたはずだからである。

イデオロギーから虚構へ

大きな物語の凋落とその補塡、というこのメカニズムは、もう少し視野を広げても位置づけることができる。二〇世紀の後半はそもそも、日本だけでなく、世界的に、二つの時代に挟まれた大きな変動期だった。五〇年代までの世界では近代の文化的論理が有力であり、世界はツリー型で捉えられていた。したがってそこでは必然的に、大きな物語がたえず生産され、教育され、また欲望されていた。たとえばそのひとつの現れが学生の左翼主義への傾倒だった。

しかし時代は六〇年代に大きく変わり、七〇年代以降は、逆に急速にポストモダンの文化的論理が力を強める。そこではもはや、大きな物語は生産もされないし、欲望もされない。ところがこのような変動は、ちょうどその時期に成熟した人々に大きな負担を与える。なぜなら彼らは、世界そのものがデータベース的なモデルで動き始めているにもかかわらず、教育機関や著作物を通じて、古いツリー型のモデル（大きな物語への欲望）を植え付けられてしまっているからだ。結果としてこの矛盾は、特定の世代を、失われた大きな物語の捏造に向けて強く駆動することになる。ここでは詳しく述べないが、たとえば、七〇年代のアメリカで高まったニューサイエンスや神秘思想への関心、世界的に生じた学生運動の過激化などはそのひとつの結果だと考えられる。そして日本のオタク系文化の台頭もまた、やはり同じ社会的背景を共有している。当時の第一世代のオタクにとって、コミックやアニメの知識や同人活動は、全共闘世代にとっての思想や左翼運動ときわめて近い役割を果たしていた。

大きな物語を必要としない世代の登場

　しかしそのような複雑な心理がいまでもオタク系文化を規定しているかといえば、それはまた別の問題である。むしろ筆者には、逆に、近代からポストモダンへの流れは、進むにつれて、そのような捏造の必要性を薄れさせていくように思われる。というのも、ポストモダンの世界像のなかで育った新たな世代は、はじめから世界をデータベースとしてイメージし、その全体を見渡す世界視線を必要としない、すなわち、サブカルチャーとしてすら捏造する必要がないからだ。もしそうだとすれば、失われた大きな物語の補塡として虚構を必要とした世代と、そのような必要性を感じずに虚構を消費している世代とのあいだに、同じオタク系文化といっても、表現や消費の形態に大きな変化が現れているに違いない。

そして実際にその新しい傾向は、大塚の評論が発表されたあと、九〇年代の一〇年間でかなりはっきりと目に見えるものになってきた。九〇年代のオタクたちは一般に、八〇年代に比べ、作品世界のデータそのものには固執するものの、それが伝えるメッセージや意味に対してきわめて無関心である。逆に九〇年代には、原作の物語とは無関係に、その断片であるイラストや設定だけが単独で消費され、その断片に向けて消費者が自分で勝手に感情移入を強めていく、という別のタイプの消費行動が台頭してきた。この新たな消費行動は、オタクたち自身によって「**キャラ萌え**」と呼ばれている。後述のように、そこではオタクたちは、物語やメッセージなどほとんど関係なしに、作品の背後にある情報だけを淡々と消費している。したがって、この消費行動を分析するうえでは、もはや、それら作品の断片が「失われた大きな物語」を補塡している、という図式はあまり適切でないように思われる。

『エヴァンゲリオン』のファンが求めていたもの

具体例に沿って検討してみよう。筆者はさきほど『機動戦士ガンダム』に触れた。九〇年代には、『新世紀エヴァンゲリオン』が『ガンダム』と頻繁に比較されてきた。というのも、この両者とも、近未来の戦闘に巻き込まれる少年を主人公としたSFアニメであり、主人公と近い世代から支持を得て社会的な話題となった作品だからである。しかし実際には、この両者は、物語に対するまったく異なったタイプの態度に支えられ消費された作品だと言うことができる。

前述のように『ガンダム』のファンの多くは、ひとつのガンダム世界を精査し充実させることに欲望を向けている。つまりそこでは、架空の大きな物語への情熱がいまだ維持されている。しかし、九〇年代半ばに現れた『エヴァンゲリオン』のファンたち、とりわけ若い世代（第三世代）は、ブームの絶頂期でさえ、エヴァンゲリオン世界の全体にはあまり関心を向けなかったように思われる。むしろ彼らは最初から、二次創作的な過剰な読み込みやキャラ萌えの対象として、キャラクターのデザインや設定にばかり関心を集中させていた。

つまりそこでは、ガンダム世界のような大きな物語＝虚構は、もはや幻想としても欲望されていなかった。『ガンダム』のファンは「宇宙世紀」の年表の整合性やメカニックのリアリティに異常に固執することで知られている。それに対して、『エヴァンゲリオン』のファンの多くは、主人公の設定に感情移入したり、ヒロインのエロティックなイラストを描いたり、巨大ロボットのフィギュアを作ったりすることだけのために細々とした設定を必要としていたのであり、そのかぎりでパラノイアックな関心は示すが、それ以上に作品世界に没入することは少なかったのである。

そしてこの変化はまた、消費者や二次創作者の側だけではなく、原作者の側にもはっきりと現れている。『ガンダム』は、七九年に放映された最初のTVシリーズ以降、つぎつぎと続編が作られたことでも有名な作品である。そしてそのほとんどは、総監督である富野由悠季の監修のもと、ひとつの架空の歴史に沿って展開されている。対して『エヴァンゲリオン』には続編が作られていないし、また作られる予定もない。かわりに原作者の制作会社ガイナックスが展開しているのは、本章の冒頭でも述べたように、コミケで売られている二次創作にかぎりなく近い発想の関連企画、たとえば、登場人物を使った麻雀ゲームであり、エロティックな図柄のテレフォンカードであり、さらにはヒロインの綾波レイを対象とした育成シミュレーションゲームである。この両者の原作に対する考え方には、きわめて大きな隔たりがある。

さらに重要なのは、この変化が、原作の再利用や周辺企画だけではなく、また原作の構造そのものにも大きな影響を及ぼしていたことである。『エヴァンゲリオン』の監督を務めた庵野秀明は、富野とは異なり、最初からコミケでの二次創作の出現を予測し、むしろその生産を奨励するかのような仕掛けを原作内に大量に配置している。たとえばTVシリーズ最終話では、まったく異なった性格の綾波レイが住む、まったく別の歴史を歩んだエヴァンゲリオン世界が挿入されるのだが、そこで描かれる光景は、じつは放映時にすでに二次創作として大量に流通していたイメージのさらなるパロディである。つまりそこには、オリジナルがシミュラークルをあらかじめシミュレートする、というきわめてねじれた関係が織り込まれていたことになる。

またこの作品には二つの劇場公開版があるが、そのいずれも、TVシリーズの直接の続きというより、その世界を別のヴァージョンで語り直す構成になっている。その性格はとりわけ、九七年に総集編として作られた『EVANGELION DEATH』で明確であり、そこではTVシリーズの映像はすべてリミックスの素材に変えられ、統一した物語なしに断片として提示されている。

これらの特徴はすべて、『エヴァンゲリオン』というアニメが、そもそも特権的なオリジナルとしてではなく、むしろ二次創作と同列のシミュラークルとして差し出されていたことを示している。言い換えれば、この作品でガイナックスが提供していたものは、決してTVシリーズを入口としたひとつの「大きな物語」などではなく、むしろ、視聴者のだれもが勝手に感情移入し、それぞれ都合のよい物語を読み込むことのできる、物語なしの情報の集合体だったわけである。

筆者は以下、小さな物語の背後にありながら、もはや決して物語性をもたないこの領域を、大塚の「大きな物語」と対比させて「**大きな非物語**」と呼びたいと思う。『エヴァンゲリオン』の消費者の多くは、完成したアニメを作品として鑑賞する（従来型の消費）のでも、『ガンダム』のようにその背後に隠された世界観を消費する（物語消費）のでもなく、最初から情報＝非物語だけを必要としていたのだ。

4――萌え要素

物語とマグカップが同列の商品

それでも『エヴァンゲリオン』においては、原作のTVシリーズは、大きな物語ではないにせよ、いまだデータベースに近づくための入口として機能していたと言えるかもしれない。しかし『エヴァンゲリオン』以降、ここ数年のオタク系文化は、じつはその必要性すら急速に放棄しつつある。

ここで重要なのがメディアミックスの台頭である。現在のオタク系市場においては、コミックの原作がアニメ化され、次いで関連商品や同人誌が出されるといった順序はもはや支配的ではない。たとえば、アニメの企画がいつのまにかゲームに転用され、完成以前にすでにラジオドラマやイベントで支持を集め、その段階で関連商品が流通する、あるいは逆に、ゲームやトレーディング・カード（トレカ）がまず商品として成功し、続いて同人アンソロジー（原作者の許諾のもとで作られる二次創作集）やノベライズが出版され、アニメ化され、コミック化される、このような入り組んだ回路が幾重にも張り巡らされている。そのような状況では、何が原作でだれが原作者であるかはきわめて曖昧になるし、消費者もその存在をほとんど意識することがない。彼らにとって存在するのは、原作（オリジナル）と関連商品（コピー）の区別ではなく、匿名的に作られた設定（深層にあるデータベース）と、その情報をそれぞれのアーティストが具体化した個々の作品（表層にあるシミュラークル）、その両者の区別のみである。そこではもはや、設定や世界観への入口となるオリジナル＝原作という考え方すら不適切になりつつある。

この傾向を理解するうえでもっとも重要な例は、一九九八年に誕生した「デ・ジ・キャラット」、通称「でじこ」と呼ばれるキャラクターである（図4）。このキャラクターはもともと、アニメ・ゲーム系関連商品を取り扱う販売業者のイメージ・キャラクターとして作

図5　うさだヒカルとプチ・キャラット

図4　デ・ジ・キャラット

『デ・ジ・キャラット』制作/ブロッコリー

られた。したがってその背景にはいかなる物語も存在しない。それが九八年の後半より徐々に人気を集め、九九年にTVCMでブレイクし、二〇〇〇年にはアニメ化やノベライズもされ、いまでは確固たる作品世界を備えている。

この過程で注目すべきは、そこで作品世界を形作る物語や設定が、すべて、でじこのデザインが単独で支持を集めたあと、市場の期待に応えるかたちで集団的かつ匿名的に作られてきたことである。たとえばこの作品には「うさだヒカル」と「プチ・キャラット」（通称「ぷちこ」）と呼ばれるキャラクターが存在するが（図5）、それらは九九年にようやく発表されたものであり、前者は名前すら公募で決定されている。また、いまではでじこには「生意気でうかつ」という性格が加えられているが、この設定も最初から用意されていたものではなく、アニメ化に際して半ば自己パロディ的に付け加えられたものだ。

しかも『エヴァンゲリオン』とは異なり、これらの展開は特定の作家や制作会社が制御しているものではない。というのもこの作品は、基本的には一企業の宣伝企画にすぎないからである。このような状況においては、『デ・ジ・キャラット』のオリジナルがどのような作品で、その作者がだれで、そこにどのようなメッセージが込められているかを問うことは、まったく意味をなさない。この企画は最初から断片の力を基本として動いているのであり、そこでは、従来ならば「作品」として独立して語られるアニメやノベルのような企画も、マグカップやクリアファイルと同じ関連商品のひとつでしかない。物語はここでは、もはや設定やイラスト（非物語）に添え物として寄せられる余剰品にすぎないのだ。

萌え要素の組み合わせ

しかもそれだけではない。『デ・ジ・キャラット』でもうひとつ興味深いのは、前述した物語やメッセージの不在を補うかのように、そこでキャラ萌えを触発する技法が過剰に発達している点である。筆者はさきほど、でじこのデザインがまず単独で支持を集めたと記した。ではそれがとくに個性的で魅力的なものかといえば、そう指摘するのも難しい。実際にはでじこのデザインは、デザイナーの作家性を排するかのように、近年のオタク系文化で有力な要素をサンプリングし、組み合わせることで作られている。その代表的なものを明示すれば、図6のようになるだろう。

ここで各要素の性質について述べる余裕はないが、これらの要素が、それぞれ特定の起源と背景をもち、消費者の関心を触発するため独特の発展を遂げたジャンル的な存在であることには注意してほしい。それは単なるフェティシュと異なり、市場原理のなかで浮上してきた記号である。たとえば「メイド服」は、八〇年代後半のアダルトアニメ『くりぃむレモン・黒猫館』を起源とし、九〇年代に入ってノベルゲームを中心に勢力を広げてきたことが知られている（注25）。また「触角のように刎ねた髪」は、筆者の観察では、九〇年代の半ば、ノベルゲームの『痕《きずあと》』で現れたことから一般化し（図7）、現在では多くのアニメやゲームで見られるデフォルトの要素に成長している。消費者の萌えを効率よく刺激するために発達したこれらの記号を、本書では、以下「**萌**

図6　デ・ジ・キャラットを構成する萌え要素

え要素」と呼ぶことにしよう。萌え要素のほとんどはグラフィカルなものだが、ほかにも、特定の口癖、設定、物語の類型的な展開、あるいはフィギュアの特定の曲線など、ジャンルに応じてさまざまなものが萌え要素になっている。

秋葉原や新宿の専門店を覗けばすぐに分かるように、萌え要素の群れはいまオタク系文化を覆い尽くしている。そこで流通している「キャラクター」は、作家の個性が創り出す固有のデザインというより、むしろ、あらかじめ登録された要素が組み合わされ、作品ごとのプログラム（販売戦略）に則って生成される一種の出力結果となっている。そして実際に、その状況はオタクたち自身によっても自覚されている。

図7　『痕』に現れた萌え要素としての触角

『痕』制作/Leaf

たとえばその自覚を装置として表現したひとつの試みが、九六年に公開が始まったオタク系検索エンジン、「TINAMI」である（図8a）（注26）。数万件の登録サイトから目的のイラストを効率よく探し出すため、このエンジンのシステムはオタク的図像の特徴を細かく数値化し分類している。たとえばそこでは、萌え要素として「ねこ

図8a　ＴＩＮＡＭＩトップページ

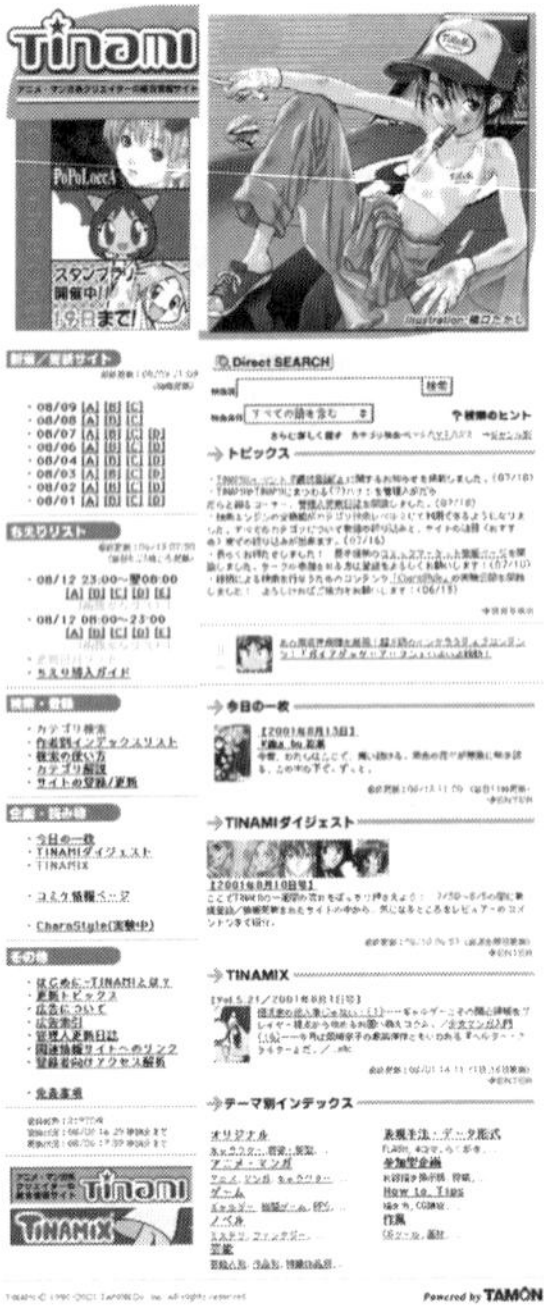

図8b　ＴＩＮＡＭＩ検索画面

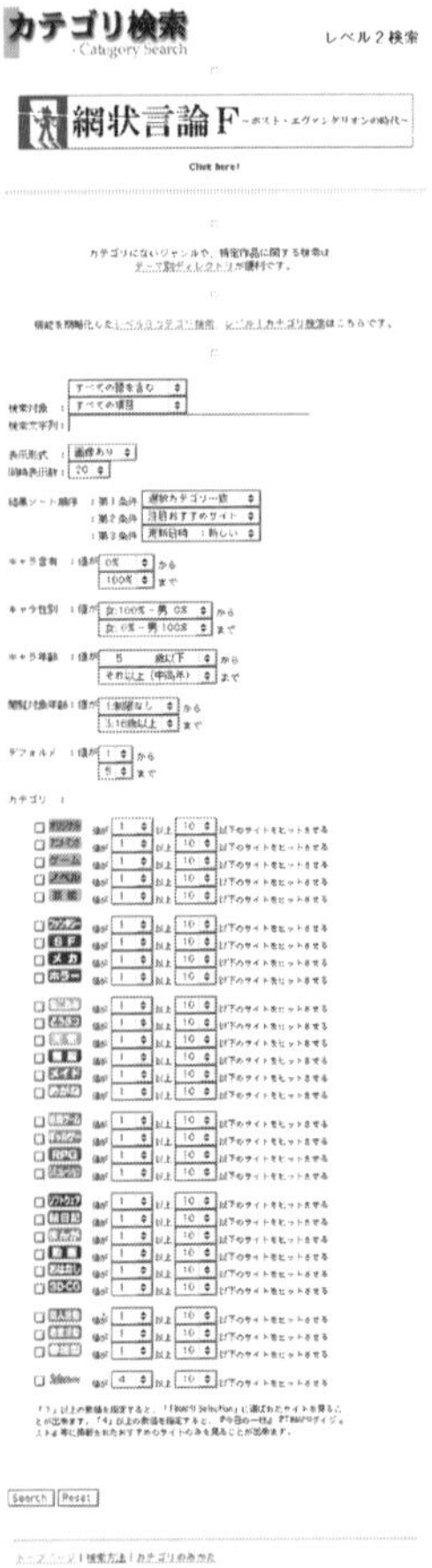

みみ」と「メイド」を指定し、「キャラ含有率」を七五％以上に、「キャラ年齢」を一〇歳から一五歳に、「デフォルメ度」を五に設定して目的のサイトを検索する、というようなパラメータの選択が実装されている。図８ｂは「ＴＩＮＡＭＩ」の実際の検索画面だが、図の下半分にずらりと並んだ「カテゴリ」のいくつかは、「ねこみみ」「動物」「天使」「メイド」「めがね」といった萌え要素である。

インターネットが普及し、同人活動の中心がウェブに移った九〇年代後半のオタク系文化において、「ＴＩＮＡＭＩ」のような検索エンジンはきわめて大きな役割を果たしている。そしてこのような環境においては、好むと好まざるとにかかわらず、制作者は、オタク系文化全体のなかでの自分の相対的な位置に自覚的であらざるをえない。いまや新しく生まれたキャラクターは、その誕生の瞬間から、ただちに要素に分解され、カテゴリーに分類され、データベースに登録される。適当な分類がなければ新しい要素やカテゴリーが用意されるだけであり、そのかぎりで、もはや、オリジナル・キャラクターのオリジナリティすらシミュラークルとしてしか存在しないとも言えるだろう。

かつては作品の背後に物語があった。しかしその重要性が低下するとともに、オタク系文化ではキャラクターの重要性が増し、さらに今度はそのキャラクターを生み出す「萌え要素」のデータベースが整備されるようになった。この一〇年間のオタク系文化はそのような大きな流れのなかにあったが、九〇年代末に現れた『デ・ジ・キャラット』は、まさにその流れが行き着くところまで行った地点に現れている。

実際にこの作品のキャラクターは、すべて、意図的に萌え要素を過剰にして作られている。でじこは「フリルをつけまくったメイド服に白い猫耳帽子、猫手袋、猫ブーツ、そして猫しっぽ。完全無欠の萌え萌えオプションフル装備」であり、ぷちこは「トラ縞模様の猫耳帽子をかぶり、セーラー服にちょうちんブルマー。お尻にはトラ猫のしっぽがついているという、ファンにとってはかなり凶悪かつ反則的な萌え萌えコスチューム」だとノベル版は記しているが（注27）、このような自己パロディ的な記述が、この作品の置かれた危うい位置を明確に示している。でじこは猫耳をつけて「そうだにょ」「疲れたにょ」と話すのだが、それは猫耳や「にょ」そのものが直接に魅力的だからなのではなく、猫耳が萌え要素で、特徴ある語尾もまた萌え要素だからであり、さらに正確に言えば、九〇年代のオタクたちがそれを要素だと認定し、そしていまやその構造全体が自覚されてしまっているからなのである。『デ・ジ・キャラット』はこのような点で、素直にキャラ萌えの欲望に依存した企画というより、むしろ、その欲望をぎりぎりまで押し進め、結果として萌え系のデザインに支配された現在の市場への皮肉になってしまった複雑な企画だと捉えたほうがよい。

5――データベース消費

個々の作品よりもキャラクターの魅力

萌え要素のデータベース化は一九九〇年代に急速に進んだ。「萌え」とはそもそも、八〇年代末に生まれた言葉で、コミック、アニメ、ゲームなどのキャラクター、あるいはアイドルなどに向けられた虚構的な欲望を意味していたと言われる。特定のキャラクターに「萌える」人々は関連商品を集中的に購入するので、制作者からすれば、作品そのものの質よりも、設定やイラストを通して萌えの欲望をいかに喚起するかが、企画の成否を直接に握ることになる。この傾向は古くは七〇年代まで遡るが、しかし、その重要性は九〇年代のメディアミックスの流れのなかで決定的に増すことになった。

さきほども述べたように、メディアミックスにおいては、原作の地位が曖昧なままでさまざまなタイプの企画が同時に進行する。したがってそこでは、それら企画群をまとめあげる根拠は、原作者の作家性でもメッセージでもなく、そこに共通して現れる作品世界とキャラクター、極端な場合にはキャラクターだけになってしまう。たとえば、庵野秀明が監督した『エヴァンゲリオン』と、その数年後に発売された育成シミュレーション『綾波育成計画』を同じ「エヴァンゲリオン関連」の作品だと、あるいは、カルト的な人気を誇るLeafのノベルゲーム『雫』や『痕』と、そのパロディ的なトレカゲーム『リーフファイト』を同じ「リーフ関連」の作品だと受け取る根拠は、著作権表示を除けば、そこに共通して同じキャラクターが登場していることにしかない。それらのあいだの内容的な連続性がかぎりなく希薄である以上、『エヴァンゲリオン』や『雫』のファンでも『綾波育成計画』や『リーフファイト』には何の関心も抱かない、という消費行動が支配的であってもよかったし、むしろそのほうがオタク系市場の外では分かりやすかったはずである。

にもかかわらず、九〇年代のオタク系市場は、その両者を連続して捉える消費者を組織的に育て、またそのような「関連商品」の氾濫を前提として規模を拡大してきた。その結果、いまや、個々の物語が登場人物を生み出すのではなく、逆に、登場人物の設定がまず先にあり、そのうえに物語を含めた作品や企画を展開させる戦略が一般化している。そしてこのような状況では、必然的に、個々の作品の完成度よりもキャラクターの魅力のほうが重要になるし、またその魅力を高めるためのノウハウ(萌え要素の技術)も急速に蓄積されることになる。萌え要素のデータベース化は、このような状況のもとで必然となった。

作品を横断するキャラクターの繋がり

その結果近年の多くのオタク系キャラクターは、単独の作家や作品から出てきたというよりも、むしろ作品横断的に多数のキャラクターと繋がっている。たとえば図9に挙げたのは、『ナデシコ』のホシノ・ルリ、『エヴァンゲリオン』の綾波レイ、『雫』の月島瑠璃子、『アキハバラ電脳組』の大鳥居つばめという四つのキャラクターだが、これらは、たがいに設定やデザインの点で多くの共通点をもっている。

オタク系作品に頻繁に見られるこのような繋がりは、従来「引用」や「影響」や「パロディ」といった言葉で語られてきた。しかし、「引用」にしろ「影響」にしろ、それらの概念は作家や作品という単位を無意識に前提としている。ある作家が別の作家の作品に影響を受け、それを引用し、ときにパロディにする、そういう発想である。確かに、いまでもそのモデルでオタク系作品の動きを語れないことはない。たとえばこの例であれば、レイの影響のもとで瑠璃子が生まれ、その両者の引用でルリが作られ、さらにそのルリのパロディとしてつばめがデザインされた、と系譜を辿ってみてもそんなに誤りではない。

しかしその有効性もまた限られている。かりにルリがレイや瑠璃子の引用だとして、ではそのとき「引用」を行ったのはだれなのか。監督の庵野秀明やキャラクター・デザインの貞本義行の個性と役割が比較的はっきりしていた『エヴァンゲリオン』に比べ、『ナデシコ』の複雑な構成に佐藤竜雄や麻宮騎亜がどのように関わっていたのかを知るのは難しい。

しかも図9の四例は氷山の一角にすぎない。

実際には九〇年代後半、綾波レイに酷似したキャラクターは、コミックでもアニメでもノベルでも、商業ベースでも同人ベースでも、大量に生産され消費されてきた。その広がりをすべて『エヴァンゲリオン』の「影響」に帰着させるのは、あまり賢明でないように思われる。

図9 a
ホシノ・ルリ
（デザイン：後藤圭二）
『機動戦艦ナデシコ』
制作/XEBEC

図9 b
綾波レイ
（デザイン：貞本義行）
『新世紀エヴァンゲリオン』
制作/GAINAX

図9 c
月島瑠璃子
（デザイン：水無月徹）
『雫』制作/Leaf

図9 d
大鳥居つばめ
（デザイン：ことぶきつかさ）
『アキハバラ電脳組』
制作/葦プロダクション

したがって筆者はこの状況を捉えるには、データベースのイメージのほうが適切だと考える。レイの出現は、多くの作家に影響を与えたというより、むしろオタク系文化を支える萌え要素の規則そのものを変えてしまった。その結果、たとえ『エヴァンゲリオン』そのものを意識しない作家たちも、新たに登録された萌え要素(無口、青い髪、白い肌、神秘的能力など)を用い、無意識にレイに酷似したキャラクターを生産するようになってしまった。このように考えたほうが九〇年代後半の現実には近い。レイにかぎらず、オタク系作品に現れるキャラクターは、もはや作品固有の存在なのではなく、消費者によってただちに萌え要素に分解され、登録され、新たなキャラクターを作るための材料として現れる。したがって、萌え要素のデータベースは有力なキャラクターが現れるたびに変化し、その結果、次の季節にはまた、新たな萌え要素を搭載した新世代のキャラクターたちのあいだで熾烈な競争が繰り広げられるのだ。

「キャラ萌え」に見る消費の二層構造

以上のような特徴から明らかなように、九〇年代のオタク系文化を特徴づける「キャラ萌え」とは、じつはオタクたち自身が信じたがっているような単純な感情移入なのではなく、キャラクター(シミュラークル)と萌え要素(データベース)の二層構造のあいだを往復することで支えられる、すぐれてポストモダン的な消費行動である。特定のキャラクターに「萌える」という消費行動には、盲目的な没入とともに、その対象を萌え要素に分解し、データベースのなかで相対化してしまうような奇妙に冷静な側面が隠されている。この二層構造については、のちにノベルゲームを例として詳しく語るが、いずれにせよ、キャラ萌えを単なるマニアックな消費行動として片づけてしまうと、いろいろ説明できない部分が出てくることは確かである。

オタクたちの萌えの感覚は、つねにキャラクターの水準と萌え要素の水準のあいだで二重化されており、だからこそ、彼らは萌えの対象をつぎつぎと変えることができる。もし萌え要素の水準がなく、彼らが単にそれぞれの趣味でキャラクターを選んでいるだけならば、特定のキャラクターに特定のファンがつくだけで終わっていただろう。しかしそれでは、九〇年代に華開いたキャラクター・ビジネスはとても成立しなかったはずだ。

「物語消費」から「データベース消費」へ

いままでの議論をまとめておこう。コミック、アニメ、ゲーム、ノベル、イラスト、トレカ、フィギュア、そのほかさまざまな作品や商品の深層にあるものは、いまや決して物語ではない。九〇年代のメディアミックス環境においては、それら多様な作品や商品をまとめあげるものはキャラクターしかない。そして消費者はその前提のうえで、物語を含む企画（コミックやアニメやノベル）と物語を含まない企画（イラストやフィギュア）のあいだを無造作に往復している。ここでは、個々の企画はシミュラークルであり、その背後に、キャラクターや設定からなるデータベースがある。

ところがさらに別のレベルで見ると、そのキャラクターもまた、萌え要素のデータベースから引き出されたシミュラークルにすぎない。つまりここでは、シミュラークルとデータベースの二層構造がさらに二重化し、複雑なシステムが作り上げられている。オタクたちはまず作品を消費し、ときにそれに感動する。しかしじつはその作品はシミュラークルであり、実体はキャラクターにしかないことも自覚している。つぎに彼らはキャラクターを消費し、ときにそこに「萌える」。しかしじつはそのキャラクターもまたシミュラークルであり、実体が萌え要素の組み合わせでしかないことも自覚している。『デ・ジ・キャラット』は、筆者の観察では、オタクたちのこのような二重化（三重化？）された意識にもっとも自覚的に作られた企画である。

したがって『デ・ジ・キャラット』を消費するとは、単純に作品（小さな物語）を消費することでも、その背後にある世界観（大きな物語）を消費することでも、さらには設定やキャラクター（大きな非物語）を消費することでもなく、そのさらに奥にある、より広大なオタク系文化全体のデータベースを消費することへと繋がっている。筆者は以下、このような消費行動を、大塚の「物語消費」と対比する意味で**「データベース消費」**と呼びたいと思う。

近代からポストモダンへの流れのなかで、私たちの世界像は、物語的で映画的な世界視線によって支えられるものから、データベース的でインターフェイス的な検索エンジンによって読み込まれるものへと大きく変動している。その変動のなかで日本のオタクたちは、七〇年代に大きな物語を失い、八〇年代にその失われた大きな物語を捏造する段階(物語消費)を迎え、続く九〇年代、その捏造の必要性すら放棄し、単純にデータベースを欲望する段階(データベース消費)を迎えた。大塚の評論と筆者の観察から浮かび上がってくるのは、大まかにいえばこのような流れである。物語消費とデータベース消費の構造の違いを図10に示しておこう。図10aと図10bの二つの図は、それぞれ前出の図3aと図3bに対応している。

「アニメ・まんが的リアリズム」小説

オタク系文化を扱うとどうしてもグラフィカルな作品の例が多くなるが、ここで別の例も挙げておきたい。キャラ萌えとデータベース消費の台頭は、また、活字文化にも大きな影響を与えつつある。マスメディアでは「小説」はいまだ純文学とエンターテインメント

図10a　物語消費の構造

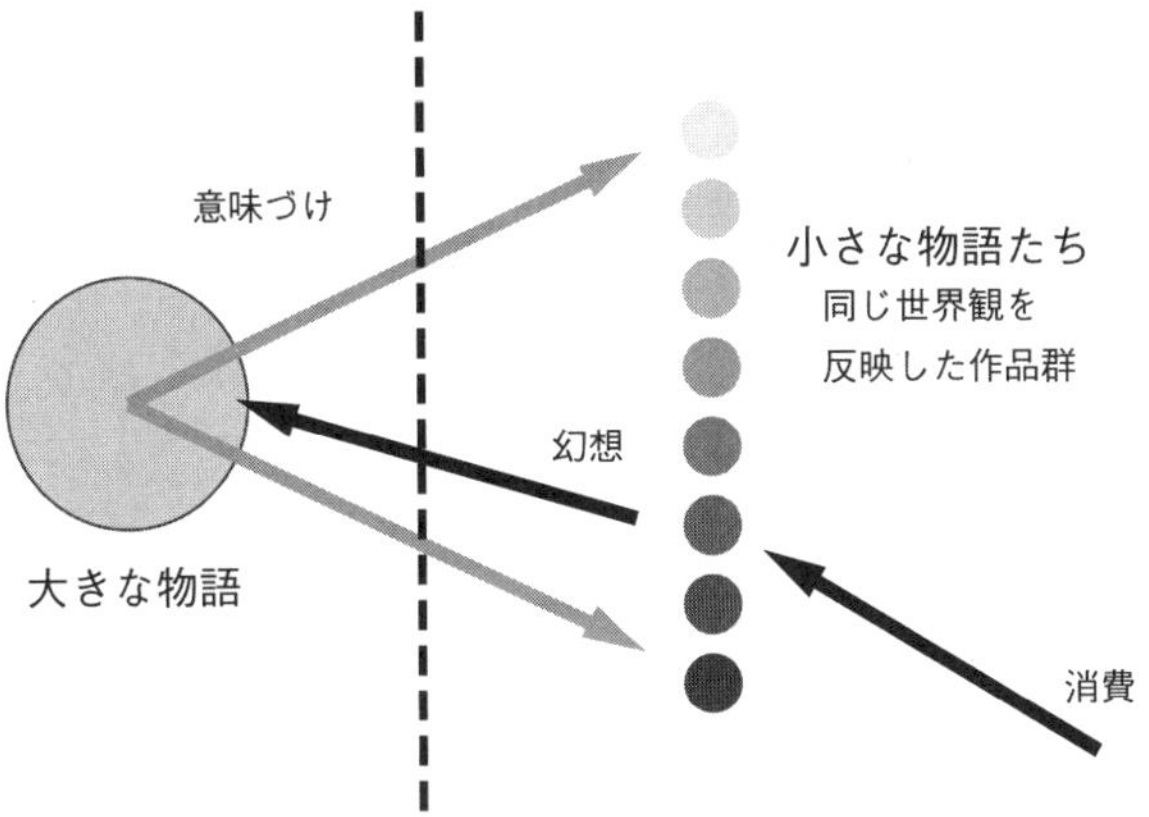

図10b　データベース消費の構造

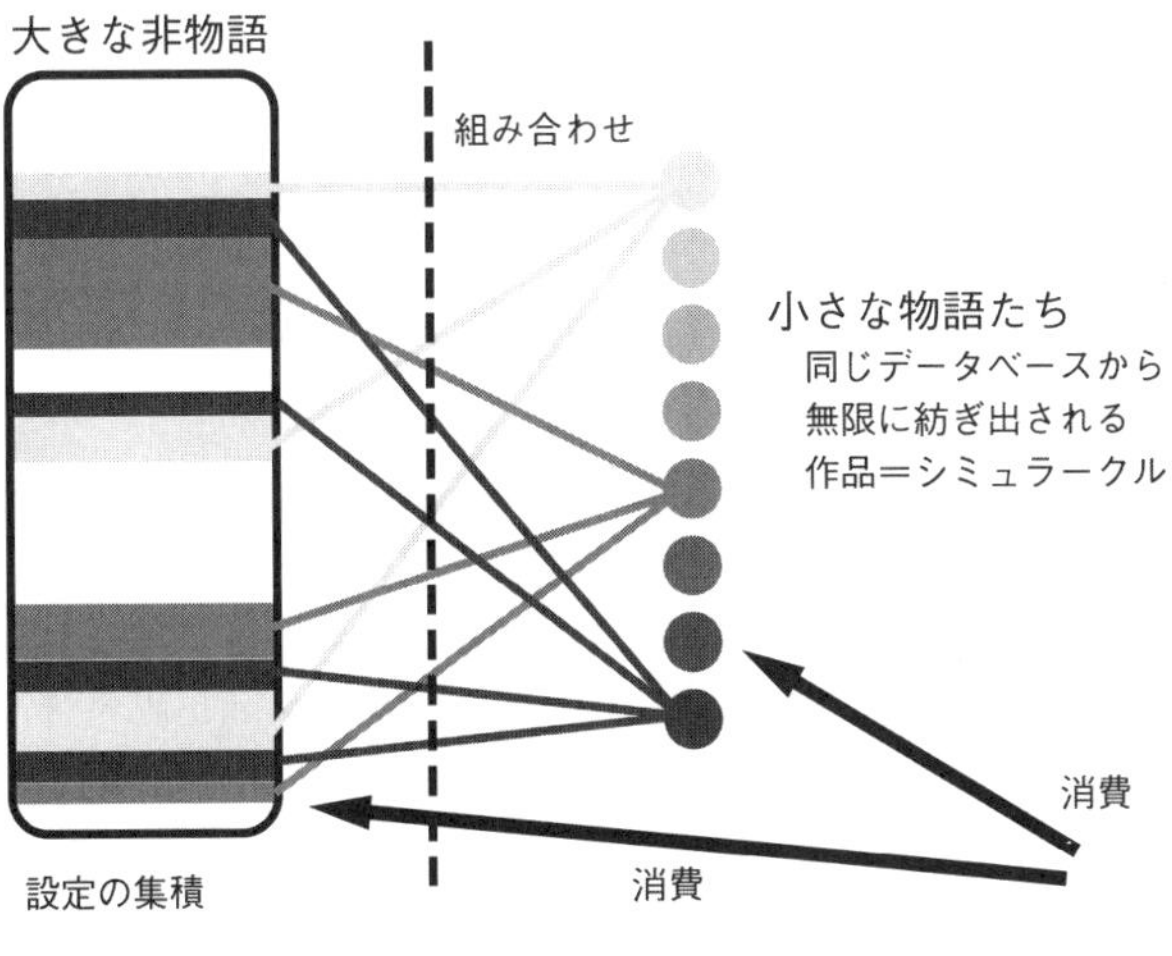

の二つに分けられているようだが、現実には、この一〇年間、オタク系市場はそのどちらにも分類されない莫大な数の小説を生産し、消費してきた。旧来の区分に則って「ミステリ」や「SF」や「ファンタジー」と、あるいは読者層や制作者の意識に則り「ジュニアノベル」や「ゲームノベル」、「ヤングアダルト」など多様な名前で呼ばれているそれらの作品の世界は、旧来の純文学ともエンターテインメントとも異なる独特の論理で作られており、そのためかいまだに一般の評価は低い。しかしその論理も、また、以上のようなオタク系文化の流れを知ると自然に理解できる。

　そのような異質な新しい小説の例として、いまもっとも適切なのは清涼院流水の作品だろう。彼は七四年生まれであり、第二世代と第三世代の中間にあたる。九六年に出版された彼の処女長編『コズミック』は、数十件の密室殺人を十数人の探偵たちが推理する小説である。これだけでも十分に奇抜な設定だが、加えてその探偵たちにはみな印象的な名前と特徴が与えられ――「ジン推理」と呼ばれる弁証法で推理する刃仙人《やいばそまひと》、「神通理気」と呼ばれる直観で推理する九十九十九《つくもじゆうく》、「悟理夢中」と呼ばれる睡眠で推理する雨霧冬香《あまぎりふゆか》など――、事件の解決もまたおそろしく荒唐無稽に行われる。しかも、これら超人的な登場人物たちは『ジョーカー』『19ボックス』『カーニバル』などと続く一連の小説にも登場し、作者自身は、デビュー時から、その全体がいずれひとつの「流水大説」をなすのだと宣言している。ひとことで言えば、この作家の小説は、個々の作品の完成度をあまり重視することなく、むしろキャラクターの魅力を高め、それら全体が作り上げる「流水世界」そのものの完成度を上げることを目的として作られているのだ。この作家は一貫して一〇代の読者に強い支持を受けているが、他方、先行するミステリ作家たちの反発を買ってもいる。

ふたたび大塚を参照するが、彼はこのような小説が台頭する背景に、リアリズムそのものの変化を指摘している(注28)。近代小説が現実を写生しているとするならば、オタク系小説は虚構を写生している。清涼院の描く登場人物や物語は決して現実的ではないが、先行するコミックやアニメの世界では可能なものであり、したがって読者はそれをリアルだと受け止める。大塚はこのような態度を「アニメ・まんが的リアリズム」と呼び、その起源を、七〇年代末、新井素子が「マンガ『ルパン三世』の活字版を書きたかった」と発言したことに求めた。自然主義的なリアリズムと「アニメ・まんが的リアリズム」は表面的にはまったく異なった印象を与えるが、前者自体が日本では虚構だった以上、リアリズムのその変化は一種の必然だった、と大塚は論じている。

ミステリの要素も萌え要素に

筆者はここでも大塚の意見にほぼ同意するが、いままでの議論と同様、その写生されるべき虚構がいまやデータベース化され、要素化されていることも強調しておきたい。清涼院の小説が車田正美のベストセラー『聖闘士星矢』の影響を受けていることは、よく知られている。しかし同時に彼の世界は、八〇年代末から九〇年代半ばまでブームとなった新本格ミステリの蓄積のうえで、そこからさまざまな要素を取り出し、自由に組み合わせることでも作られている。そしてそこでは読者もまた同じデータベースを共有している。何十件もの密室殺人や十何人もの探偵がつぎつぎと描き分けられ、読者もまたそれを自然に許容しているという現象は、清涼院が読まれる市場において、探偵像やトリックや解決方法がすべて萌え要素になってしまっているからこそ成立するのだ。

ジャンルの条件に対するこのような自己言及の意識は、おそらく、綾辻行人や法月綸太郎のような先行世代の志向が受け継がれたものである。ただし、そこには、先行世代の意識があくまでもミステリの規則（コード）に向けられていたのに対し（注29）、清涼院の意識は萌え要素のデータベースに向けられている、という大きな差異がある。九〇年代にミステリ市場が大きく成長したのは周知のとおりだが、こと若い読者に関するかぎり、その成長は、トリックの巧みさを理解する本格の読者よりも、むしろ京極夏彦や森博嗣の登場人物に「萌え」、イラストを描いたり二次創作を試みたりする別種の読者に支えられていた。

そしてその状況はいまやミステリ以外にも蔓延しており、オタク系の活字文化は、全体として、作品ではなくキャラクターを中心に作られた別種の論理で動き始めている。清涼院の小説はじつは、その状況を前提とするだけではなく、ときにそれを戯画化するように して書かれている。たとえば、そのようなキャラクター中心の市場を念頭に置くと、三五〇人の探偵が「第一班から第七班まで七つの班に分けられ」「ふた月に一度の班替えでは、下位班の成績優秀者と上位班の成績不良者が容赦なく入れ替えられ続けている」という「日本探偵倶楽部」の設定は（注30）、ほとんどその状況全体のパロディのように読めてくるだろう。

オタク系の小説は、いまや、純文学でもエンターテインメントでもなく、むしろアニメやゲームやイラストに近い論理で動き、近い市場で消費されている。自然主義的リアリズムから「アニメ・まんが的リアリズム」への移行は、商業的にはこの市場の変化で支えられている。清涼院は、筆者の知るかぎり、その変化にもっとも敏感に反応し、もっとも根底的に小説の書き方を変えてしまった作家である。そこではもはや、現実（自然主義）でも、先行する虚構（物語消費）でもなく、萌え要素のデータベースこそがもっともリアルなものだと感じられている。

6――シミュラークルとデータベース

シミュラークル論の欠点

ここまでの議論で、この章の冒頭に挙げた第一の問い、「ポストモダンのシミュラークルはどのように増加するのか」という疑問には、オタク系文化を通じてひとつの答えが出たように思う。オタク系文化の表層は、シミュラークル＝二次創作に覆われている。しかしその深層には設定やキャラクターのデータベースが、さらに遡れば、萌え要素のデータベースが存在する。一見、無秩序なシミュラークルの氾濫に見えるオタクたちの消費行動も、ひとたびこのデータベースの水準に目を向ければ、十分に秩序立ち、理解しやすいものに姿を変えるだろう。

そしてこのような観察からは、サブカルチャーの分析にとどまらず、また、従来のシミュラークルの概念を変更するような知見も得られるように思われる。そもそもいままでのポストモダン論においては、シミュラークルの増加は、オリジナルとコピーの区別が失われたところで生じる無秩序な現象だと捉えられることが多かった。そういうときにまず引用されてきたのは、ドイツの批評家、ヴァルター・ベンヤミンが六〇年以上前に記した「複製技術時代における芸術作品」という短い論文である。そこでベンヤミンは、特定の作品に宿るオリジナリティの感覚（「アウラ」と呼ばれる）とは、その作品の存在を生み出した「儀式」の「一回性」によって根拠づけられるものだが、複製技術はその感覚を無効にしてしまう、と主張して有名となった（注31）。この主張がのちのシミュラークル論の根幹となる。

ベンヤミンのこの「アウラ」の捉え方は、じつは前述のツリー・モデルをきれいに反映している。オリジナルを前にしたとき、鑑賞者はそこに何か作品を超えた「儀式」との繋がりを感じる。コピーにはその繋がりがない。つまり、オリジナルとコピーの区別は、その儀式との繋がりの有無（アウラの有無）によって決定されているというわけで、これはまさに近代的な世界観を反映した美学なのだ。この発想を図3aに重ねて示せば、図11aのようになるだろう。シミュラークルの全面化とは、その繋がりの有無という基準そのものが失われ、オリジナルであろうとコピーであろうと価値が変わらなくなり、すべての記号が根拠をもたず浮遊し始める事態を意味している。

したがって、いままでのポストモダン論の文脈では、筆者がこの章の冒頭で分けた「シミュラークルの全面化」と「大きな物語の凋落」という二つの現象は、じつは、ただひとつの変化（ツリー・モデルの崩壊）の表裏として捉えられてきた。むろん、前者がおもに技術的発達で引き起こされた変化であるのに対し、後者はあくまでも社会的・イデオロギー的

図11a　オリジナルとコピー

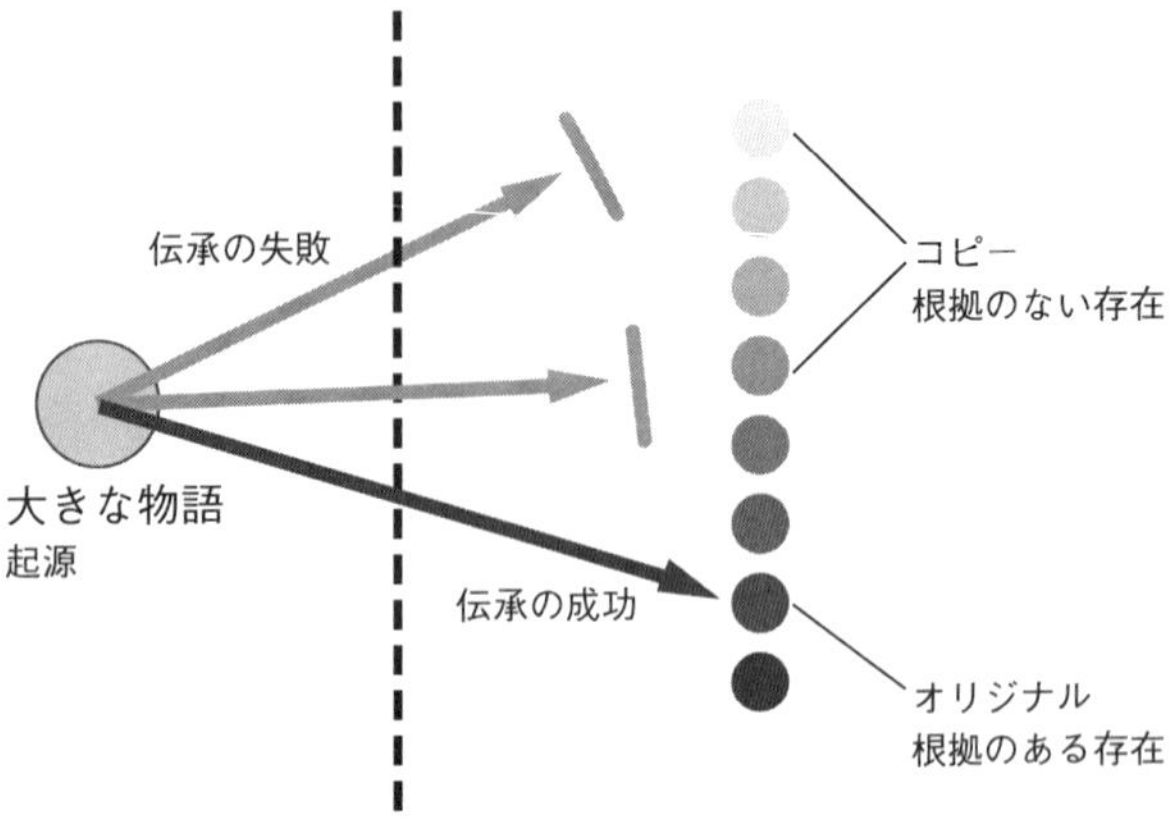

な変化であるという本質的な差異はあるのだが、この両者に共通する世界観の変化もまた否定できないのだ。実際、複製技術の時代の到来とイデオロギーの凋落はベンヤミンの論文でも関連付けて論じられているし、また、ボードリヤールも「今やイデオロギーなるものはなく、シミュラークルしかない」と述べ、その両者の流れをはっきりと相関関係で捉えている（注32）。

しかしいままでのポストモダン論の多くは、そのツリー・モデルが単に崩壊したのではなく、データベース・モデルに取って替わられたことにあまり自覚的でなかったように思われる。むろん示唆的な議論は示されている。たとえばボードリヤールは、マーケティングが浸透し、記号的消費が蔓延した現代社会では、「われわれはモノを使うひととしてというよりはむしろ、モノを読みとり、かつ選ぶひととして、つまり読解の細胞として生きている」と述べている(注33)。差異化された商品や記号が大量にストックされ流通し(この総体をボードリヤールは「ハイパーリアリティ」と呼ぶ)、いまや消費者はその組み合わせでしか個性＝オリジナリティを表現できない、というこの指摘は、本書の考えるデータベース・モデルにきわめて近い現実を捉えている。

しかしその議論でも、シミュラークルの水準とデータベースの水準が明確に区別され、二層構造として捉えられたことはなかった。ボードリヤールの「ハイパーリアリティ」は、シミュラークルの世界もデータベースの世界もともに意味する。オタク系文化の例で言えば、二次創作の氾濫も物語消費もキャラ萌えも、またデ・ジ・キャラットのような奇形的なデザインも、すべてハイパーリアリティの一言で片づけられてしまうだろう。

オリジナル対コピーからデータベース対シミュラークルへ

それに対して筆者が本書で示したいのは、この社会を満たしているシミュラークルとは決して無秩序に増殖したものではなく、データベースの水準の裏打ちがあって初めて有効に機能しているのだ、という別の考え方である。

オタク系文化は二次創作に満たされている。そこでは原作も二次創作も、あたかも「同等の価値」をもつかのように生産され、消費されている。しかし、それら二次創作のすべてが同じ価値であるわけではない。それでは市場は育たない。実際にはそれらシミュラークルの下に、良いシミュラークルと悪いシミュラークルを選別する装置＝データベースがあり、つねに二次創作の流れを制御しているのだ。ビックリマン・チョコの七七三枚目のシールは、七七二枚を支えるデータベースを適切に共有していなければならないし、そうでなければそれはそもそも二次創作だと見なされない。『綾波育成計画』も『エヴァンゲリオン』と世界観を適切に共有していなくてはならないし、デ・ジ・キャラットのデザインもまた一九九〇年代後半の萌え要素を適切にサンプリングしていなくてはならない。そのような手続きを経ず、単に無趣味に作られたシミュラークルは、市場で淘汰され、消えゆくのみである。

これは言い換えれば、ポストモダンにおいて、旧来のオリジナルとコピーの対立の替わりに、シミュラークルとデータベースという新たな対立が台頭してきたことを意味している。従来では原作がオリジナルで、二次創作はコピーだった。作品の優劣の基準はそこにしかなかった。たとえば『エヴァンゲリオン』であれば、庵野秀明のＴＶシリーズは作家性やメッセージと結びついた「作品」だが、アマチュアが作った二次創作や商業的に作られた関連企画はあくまでもコピーでしかなく、人々はその両者を厳密に区別して消費するはずだった。

しかし実際には、この二〇年間、その両者を区別なく扱う消費行動がますます力を強めている。かわりにそこで台頭してきたのが、いままで述べてきたように、キャラクターや設定や萌え要素のデータベースであり、このデータベースとの関係に基づいた別種の基準である。そこではコピーは、オリジナルとの距離ではなく、データベースとの距離で測られる。その新たな関係を示せば、図11bのようになるだろう。

オリジナルのオリジナルとしての不思議な魅力、それは現代思想では、しばしば「作家性の神話」などとも呼ばれてきた。八〇年代から九〇年代、そして二〇〇〇年代へのオタク系文化の変遷を概観するかぎり、この領域でもまたその神話は急速に衰えている。八〇年代を代表するコミック作家やアニメ作家は何人でも挙げることができるが、九〇年代を代表する作家となるとちょっと困ってしまう、というのが、専門家にかぎらず、まずおおかたの読者の共通意見だろう。この特徴は普通には低迷の徴候として受け取られるのだろうが、しかし実際には、作家の名が挙がらない、ということの事実にこそ、九〇年代のオタク系文化の本質が示されているのだ。そこではもはや作家は神ではない。だから名も挙がらない。そのかわりに神々になったのは萌え要素である。九〇年代を代表する萌え要素ならば、多少詳しい消費者ならいくらでも挙げられるはずだ。

図11b　データベースとシミュラークル

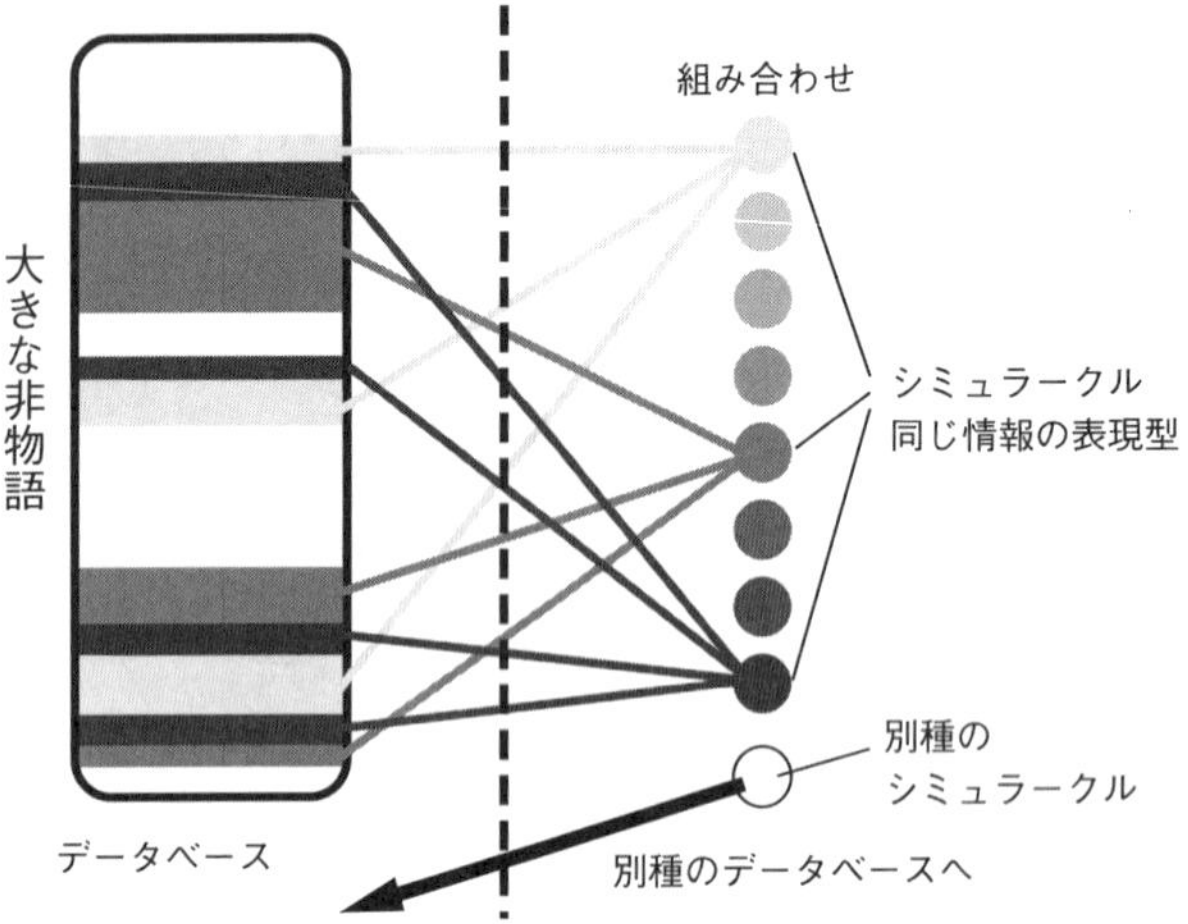

二次創作の心理

オタク系文化の市場は、シミュラークルとデータベースの二層構造で成立している。この単純な事実を知ることは、またオタクたちの意図を誤解しないためにも重要である。たとえば、シミュラークルの氾濫というオタク系文化の現実は、見方によればとても過激で無政府主義的なものにも見える。しかし実際には、二次創作の作家にはそのような攻撃的意識は見られない。彼らはむしろ、一方で原作を躊躇なくパロディ化し、切り刻み、リミックスしつつも、他方でその作業をまったく原作の侵害と考えておらず、原作者のクレームが入ったらすぐ二次創作をやめてしまうような保守性をもっている。

この二面性は一見不可解だが、前述のような二層構造を知れば簡単に理解できる。何度も繰り返しているように、オタク系文化では、原作も二次創作もともにシミュラークルと見なされ、その両者のあいだに原理的な優劣はない。

むしろ作品の核は設定のデータベースにある。したがってオタクたちの感覚では、二次創作がいくら作品としての原作（シミュラークルの水準）を侵害したところで、情報としての原作（データベースの水準）のオリジナリティは守られているし、また尊重されてもいるということになる。逆に二次創作の作家たちからすれば、シミュラークルが増えることでますます原作の価値は高まっている、くらいに考えているだろう。むろん現実には、著作権の存在がある以上、このような感覚をそのまま肯定するわけにはいかない。しかし、コミケが誕生して四半世紀が経ついま、その心理の背景を知っておくのは重要なことだ。

村上隆とオタクの齟齬

またそのような基本的な理解は、オタク系文化の成果をその外に持ち出そうとしたときにも必要になる。この数年、オタク系文化とその外の連結をもっとも精力的に試みてきたのは、ここまでにも何回か触れた現代美術家の村上隆である。

村上は六二年生まれでオタクならば第一世代にあたり、アニメやフィギュアから影響を受けた作品を多く発表し、「オタクになりきれなかったオタク」を自称している。彼の作品は、『DOB』連作（図12）や『S・M・P・ko2』連作（図13）に見られるように、オタク系文化で独特の発達を遂げたキャラクター・デザインに注目し、その特徴をグロテスクなまでに強調し、解体し、変形することで作られている。筆者は、そのイメージはオタク的なシミュラークルの異形さを美術作品に昇華させたすぐれた試みだと思うのだが（注34）、オタクたちの評価はそれほど高くない。それどころか村上の試みは、彼の作品に協力しているオタクたちからもしばしば批判されている。

村上とオタクたちのあいだのこの齟齬の原因はいろいろ挙げられるだろうが、そのひとつは、以上のようなオタク系文化の構造的な特徴にある。フィギュアの原型師であり、編集者であり、また『S・M・P・ko2』制作の中心人物でもあったあさのまさひこは、あるイベントで、村上には「オタク遺伝子」が欠けていると述べている（注35）。おそらくそこで彼が言いたかったのは、村上には、オタク系作品を「オタク的」にするさまざまな特徴を直感的に捉える能力、つまり萌え要素を捉える能力が欠けている、ということである。

そもそも現代美術の批評的な世界では、シミュラークルの生産は「新たな前衛を構成す

図12 『Melting DOB B』

制作/村上隆

図13 『S.M.P.ko²』B形態

制作/HIROPON FACTORY

るための武器」と位置づけられている（注36）。そしておそらく村上もまた、当初は、オタク系文化の表層にそのような「前衛」としての魅力を感じていたと思われる。その文脈で理解すれば、『DOB』や『S・M・P・ko2』はまさに、オタク的なデザインがもつもっとも過激で無根拠な部分を抽出し、純粋化して作られた作品であり、その点で高く評価されるべき質を備えている。しかしオタクたちにとっては、村上のその実験は、萌え要素のデータベースを理解することなしに、デザインというシミュラークルだけ（まさに表層だけ）を抽出して模倣した、不完全な試みでしかない。シミュラークルについてのこのような考え方の違いが、村上の試みについて、現代美術側の評価とオタク側の評価に大きな差を生み出している。

　村上の試みは、いくらオタク的な意匠を借りてきたとしても、データベースの水準がないかぎりにおいて本質的にオタク的なものではない。それが彼の美術家としての評価を上げるのか下げるのかは分からないが、オタク的なデザインを借りるということと、その背後にある文化的な構造を理解するということのあいだのこの差異については、やはり敏感になっておいたほうがよいだろう。とはいえ、筆者の個人的な意見としては、村上の試みには、オタク系文化の構造を理解していないがゆえにかえってその一面を鋭く抉りだしているところがあり、その点で決して借用には止まっていないと思う。デ・ジ・キャラットを始めとして、オタク系のデザインはときにきわめて過激な地点に到達しているのだが、作り手の意識としては萌え要素の組み合わせにすぎないため、その過激さを肝心の制作者が自覚していない、ということがしばしば起きている。村上の作品は、そのような無自覚を破るひとつのきっかけになるはずだ。

7——スノビズムと虚構の時代

ヘーゲル的「歴史の終わり」

ではつぎに、本章の冒頭で掲げた第二の問い、「ポストモダンでは超越性の観念が凋落するとして、ではそこで人間性はどうなってしまうのか」というもうひとつの疑問に進むことにしよう。この問いに答えるためには、まず、以上のようなデータベース消費の台頭やポストモダンの二層構造が何を意味するのか、日本の状況論を離れ、より広く世界史的な視野のなかに位置づけておく必要がある。

第一章でコジェーヴという哲学者に触れたことを覚えているだろうか。コジェーヴはロシア出身のフランスの哲学者であり、一九三〇年代にヘーゲル哲学について独特の講義を行ったことで有名だ。それはのち『ヘーゲル読解入門』として出版された。

ヘーゲル哲学は一九世紀の初めに作られた。そこでは「人間」とは、まず自己意識をもつ存在であり、同じく自己意識をもつ「他者」との闘争によって、絶対知や自由や市民社会に向かっていく存在だと規定されている。ヘーゲルはこの闘争の過程を「歴史」と呼んだ。

そしてヘーゲルは、この意味での歴史は、一九世紀初めのヨーロッパで終わったのだと主張していた。この主張は一見奇妙に思われるが、じつはいまでも強い説得力を備えている。というのも彼は、ちょうど近代社会が誕生するとき、まさにその誕生こそが「歴史の終わり」だと宣言していたからだ。彼の主著『精神現象学』が、ナポレオンがイエナに侵攻する前日、まさにそのイエナで脱稿されたというのは有名な話である。むろん、西欧型の近代社会の到来をもって歴史の完結とするこのような考え方は、のち民族中心主義的なものとして徹底的に批判されている。しかし他方で、ヘーゲルののち、二世紀のあいだ近代的価値観が全世界を覆っていったという現実がある以上、その歴史観がなかなか論駁しがたいのも事実である。

アメリカ的「動物への回帰」と日本的スノビズム

いずれにせよここで重要なのは、ヘーゲルではなく、その歴史哲学にコジェーヴが加えたある解釈である。より正確には、彼が講義の二〇年後に『ヘーゲル読解入門』の第二版に加え、以後、少なくとも日本では有名となったある脚注である。第一章でも簡単に紹介したように、そこでコジェーヴは、ヘーゲル的な歴史が終わったあと、人々には二つの生存様式しか残されていないと主張している。ひとつはアメリカ的な生活様式の追求、彼の言う「動物への回帰」であり、もうひとつは日本的なスノビズムだ。

コジェーヴは、戦後のアメリカで台頭してきた消費者の姿を「**動物**」と呼ぶ。このような強い表現が使われるのは、ヘーゲル哲学独特の「**人間**」の規定と関係している。ヘーゲルによれば（より正確にはコジェーヴが解釈するヘーゲルによれば）、ホモ・サピエンスはそのままで人間的なわけではない。人間が人間的であるためには、与えられた環境を否定する行動がなければならない。言い換えれば、自然との闘争がなければならない。

対して動物は、つねに自然と調和して生きている。したがって、消費者の「ニーズ」をそのまま満たす商品に囲まれ、またメディアが要求するままにモードが変わっていく戦後アメリカの消費社会は、彼の用語では、人間的というよりむしろ「動物的」と呼ばれることになる。そこには飢えも争いもないが、かわりに哲学もない。「歴史の終わりのあと、人間は彼らの記念碑や橋やトンネルを建設するとしても、それは鳥が巣を作り蜘蛛が蜘蛛の巣を張るようなものであり、蛙や蟬のようにコンサートを開き、子供の動物が遊ぶように遊び、大人の獣がするように性欲を発散するようなものであろう」と、コジェーヴは苛立たしげに記している（注37）。

他方で「**スノビズム**」とは、与えられた環境を否定する実質的理由が何もないにもかかわらず、「形式化された価値に基づいて」それを否定する行動様式である。スノッブは環境と調和しない。たとえそこに否定の契機が何もなかったとしても、スノッブはそれをあえて否定し、形式的な対立を作り出し、その対立を楽しみ愛でる。コジェーヴがその例に挙げているのは切腹である。切腹においては、実質的には死ぬ理由が何もないにもかかわらず、名誉や規律といった形式的な価値に基づいて自殺が行われる。これが究極のスノビズムだ。このような生き方は、否定の契機がある点で、決して「動物的」ではない。だがそれはまた、歴史時代の人間的な生き方とも異なる。というのも、スノッブたちの自然との対立（たとえば切腹時の本能との対立）は、もはやいかなる意味でも歴史を動かすことがないからである。純粋に儀礼的に遂行される切腹は、いくらその犠牲者の屍《しかばね》が積み上がろうとも、決して革命の原動力にはならないというわけだ。

オタク系文化が洗練させた日本的スノビズム

コジェーヴのこの議論は短い日本滞在と直観だけに基づいており、多分に幻想が入っている。しかし、日本社会の中核にはスノビズムがあり、今後はその精神が文化的な世界を支配していくだろうというその直観は、いまから振り返るとおそろしく的確だったとも言える。

というのも、まさに彼の指摘のあと、日本ではオタク系文化が出現し、江戸文化の後継者を自任しつつ新たなスノビズムを洗練させていったからである。幾度か参照している『オタク学入門』によれば、オタク的感性の柱をなすのは「騙されているのを承知の上で、本気で感動したりもする」距離感である。オタクたちは、「『子供騙し』の番組を大人になってからあえて見る、というのも相当無意味な行為」であることを知っている（注38）。たとえば彼らに根強い人気のある戦隊特撮ドラマやロボットアニメは、どれもこれも似たような設定で似たような物語を展開しており、そのかぎりで個々の作品はまったく無意味だと言える。しかし、岡田斗司夫が説明するようなオタク的感性は、まさに、その実質的な無意味から、形式的な価値、「趣向」を切り離すことで成立している。このような切り離しは、コジェーヴが記したスノビズムの特徴そのものである。

たとえばコジェーヴは、「ポスト歴史の人間は、［中略］その形式を内容から切り離し続けねばならない。しかしそれはもはや、内容を行動によって変質させるためではなく、純粋な形式としての自己を、何らかの内容として捉えられた自己および他者に対立させるためである」と記している(注39)。このような記述はずいぶんと分かりにくいが、『オタク学入門』が描くオタクたちの消費行動と比較すれば、きわめて具体的に理解できる。

ポスト歴史の人間＝オタクたちは、オタク系作品の価値とパターンを知り尽くしていながら、そこからあえて趣向を切り離す。つまり「形式を内容から切り離し続け」る。しかしそれはもはや、作品から意味を受け取ったり、また社会的活動に踏み出したりするためではなく、純粋な傍観者としての自己(＝「純粋な形式としての自己」)を確認するためである。オタクたちは、このように、コジェーヴが五〇年前に予見した「ポスト歴史」の生存様式をある意味で体現している。岡田や村上がオタクに世界の未来を見たことにも、それなりの正しさはあったわけだ。

シニシズムに支配された二〇世紀

コジェーヴが「スノビズム」と呼んだ世界への態度は、のち、スロヴェニア出身の精神分析学者、スラヴォイ・ジジェクによって「**シニシズム**」と呼ばれ、より詳しく理論化されている。彼はシニシズムの例として、しばしば冷戦期のスターリニズムを挙げた。八九年に出版された『イデオロギーの崇高な対象』では、つぎのように記されている。

　このつながり［ヘーゲル哲学とラカン派精神分析の関係］を例証するために、スターリニズムを、とりわけ、いかなる代償を払おうとも見かけを維持しなければならないというその強迫観念的な執着を取り上げよう。スターリニズムの強迫観念とはこうだ。私たちはみな、舞台裏では荒々しい党派闘争が続いていることを知っている。にもかかわらず、党の統一という見かけは、どんな代価を払ってでも保たれねばならない。本当はだれも支配的なイデオロギーなど信じていない。だれもがそこからシニカルな距離を保ち、また、そのイデオロギーをだれも信じていないということをだれもが知っている。それでもなお、人民が情熱的に社会主義を建設し、党を支持し、云々という見かけは、何が何でも維持されねばならないのだ。［中略］それゆえ、スターリニズムは、大文字の他者の存在を示す存在論的な証拠として価値があると言うことができる（注40）。

　スターリニズムの支持者は、本当はそれが嘘であることを知っている。しかしだからこそ、彼らはそれを信じるふりを止められない。実質と形式のこのねじれた関係は、コジェーヴが「スノビズム」と呼んだ態度と同じものである。スノッブでシニカルな主体は、世界の実質的価値を信じない。しかしだからこそ、彼らは形式的価値を信じるふりを止められないし、ときにその形式＝見かけのために実質を犠牲にすることもいとわない。コジェーヴはこの「だからこそ」を主体の能動性として捉えていたが、ジジェクは、その転倒はむしろ主体にはどうにもならない強制的なメカニズムだと述べている。人々は無意味だと分かっていても切腹を行い、嘘だと分かっていてもスターリニズムを信じる。そしてそれは嫌でも止められないのだ。

ジジェクの理論によれば、この逆説は人間心理の原理に関係している。したがって彼の著作を読むと、「だからこそ」の転倒は、ギリシア哲学からヒッチコックやコカ・コーラまで、あらゆる時代のあらゆる場所で確認されるように記されている。

しかし筆者の考えでは、そのような普遍性はいささか疑わしい。ここでその詳しい根拠を述べる余裕はないが、ただひとつ、『イデオロギーの崇高な対象』のシニシズム論が、そもそも、ドイツの批評家、ペーター・スローターダイクが八三年に出版した『シニカル理性批判』のうえに作られていることには注意しておきたい。スローターダイクが検討したシニシズムは、あくまでも二〇世紀の現象である。彼はつぎのように記している。

第一次大戦は、近代シニシズムの転回点を意味する。大戦によって旧来の素朴に対する腐食・分解が本格化する。たとえば戦争の本質や社会秩序、進歩、市民的な価値、要するに市民文明全般の本質についての素朴な見地が崩れてゆく。この戦争以来、ヨーロッパ諸大国を覆うこの散乱した分裂症質の風土が晴れたためしはもはやない。〔中略〕すべての『肯定』はこれ以後『されどなお』でしかなく、それとて底のほうでは潜在的な絶望によって浸食されている（注41）。

第一次大戦の経験とその結果訪れたヨーロッパの荒廃は、啓蒙や理性に対する一九世紀的な信頼を徹底的に壊してしまった。筆者の考えでは、ジジェクのシニシズム論は、彼自身の主張とは異なり、人間の普遍的原理というより、むしろこの戦争の結果生まれた「二〇世紀の精神」の分析として精緻にできている。これはある意味で当たり前で、というのも、彼が頻繁に参照するフランスの精神分析医、ジャック・ラカンの理論そのものが、じつはその同じ大戦の経験から導き出されたものだったからである。たとえばラカンはフロイトのなかでも晩年の仕事（死の欲動や反復強迫）に注目していたが、それらはまさに第一次大戦中から戦後にかけて生み出されたものだ。さらにまた、フロイトに加えて彼に影響を与えたハイデガーの哲学やシュールレアリスムの運動も、すべて同じ時代に生まれている。したがって、前述のようなジジェクの分析は、じつは、第一次大戦によって生まれた現実

（冷戦期のイデオロギー）を、同じく第一次大戦によって生まれた理論（ラカン）で説明する試みだったことになる。ここで具体的に紹介できないのが残念だが、ジジェクのさまざまな文化批評や社会批評は、このような距離を取って読めばきわめてよく練り上げられている。彼の著作ではほとんどの現象がシニシズムの転倒により説明されるのだが、じつはそれは、過ぎ去った二〇世紀、私たちの社会がまさにシニシズムに支配されていたことの反映なのだ。

この章の冒頭で説明したように、ポストモダンとは七〇年代以降の文化的世界を意味する。しかし、より広く取れば、複製技術の登場にしろ情報理論の起源にしろ人間観の変容にしろ、ポストモダンの萌芽の多くは二〇年代や三〇年代にまで遡ることができる。さきほどのベンヤミンの論文が三六年のものだし、それに何よりも、啓蒙や理性のような「大きな物語」が最初に凋落し始めたのは第一次大戦でのことである。そして逆に、その凋落が完全に表面化したのは、冷戦が崩壊し、共産主義という最後の大きな物語の亡霊さえなくなった八九年のことだと捉えることもできる。したがって近代からポストモダンへの移行とは、七〇年代をひとつの中心として、一四年から八九年までの七五年間をかけてゆるやかに行われたものだと考えてもよいかもしれない（図14）。

ジジェクはおそらく、その長い移行期の精神をもっともきれいに反映し、その構造をも

図14　近代からポストモダンへの移行

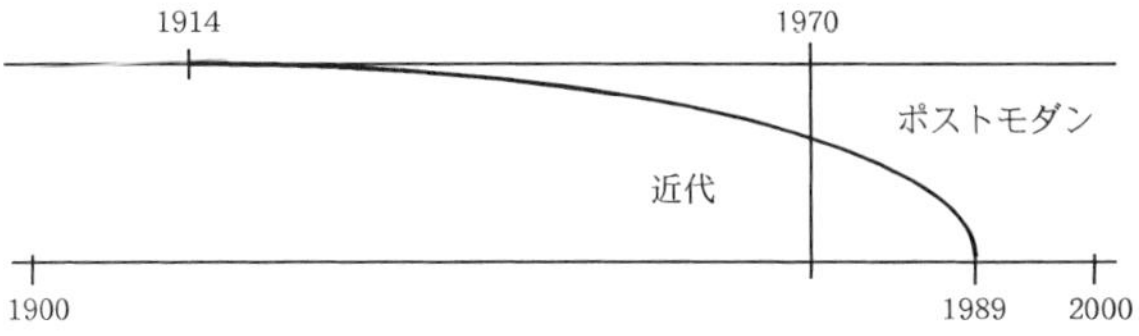

っとも分かりやすく理論化した思想家である。二〇世紀とはひとことで言えば、超越的な大きな物語はすでに失われ、またそのことはだれもが知っているが、しかし、だからこそ、そのフェイクを捏造し、大きな物語の見かけを、つまりは、生きることに意味があるという見かけを信じなければならなかった時代である。言い換えれば、中途半端にポストモダン的だった時代なのだ。生は無意味だが、無意味であるがゆえに生きる、という逆説は、いまはもう重みを失ってしまったが、過ぎ去った冷戦時代にはきわめて切迫した考え方だったにちがいない。

オタクのスノビズムに見られるシニシズム

　そしてこのような視点で見ると、前述のようなオタクのスノビズムは、江戸文化の形式主義の延長線上にあると同時に、またこの世界的なシニシズムの流れのひとつの現れでもあったことがよく分かる。スターリニズム下の市民と日本のオタクとでは、確かに政治的緊張も社会的条件も異なり、この両者を比べるのは滑稽かもしれない。しかし、その両者ともに、あらゆるものの価値が相対化されてしまったあと、無意味なものにあえて意味を見出し、そしていつのまにかその「あえて」から逃れられなくなる、という心理的な過程では共通している。だからこそコジェーヴは、日本のことなどほとんど知らずに、オタク的感性の台頭を予見できたのだ。

先行するオタク論のなかでは、前にも触れた大澤真幸がこのような面に触れている。前述のように彼は、オタクの特徴を、凋落した大きな物語（超越的他者の審級）をサブカルチャーで埋めようとすることに求めている。さきほどは述べなかったが、じつは彼はそこでジジェクを参照しており、以上のシニシズム論と完全に重なるかたちでオタク論を展開している。大澤はそこで、オタクたちにおいては「第三者の審級の第一次的な崩壊を前提にした、第三者の審級の二次的な投射が生じて」おり、その投射は現代の社会で生きるための「苦肉の策」だと主張している（注42）。この大澤の術語は特殊だが、本書での表現に直せば、「第三者の審級」とは、超越的他者＝大きな物語のことであり、「二次的な投射」とはサブカルチャーによる捏造のことである。オタクたちにおいては本来の（一次的な）大きな物語が崩壊し、その前提のもとでフェイクの大きな物語（二次的な投射）が作られている。そして彼らはそのフェイクを手放すことができない。

理想の時代と虚構の時代

そして大澤は、この前提のうえで、『虚構の時代の果て』や『戦後の思想空間』などの著作でさらに踏み込んだ指摘を行っている。大澤によれば、戦後日本のイデオロギー状況は、四五年から七〇年までの**「理想の時代」**と、七〇年から九五年までの**「虚構の時代」**の二つに分かれる。本書での表現で言えば、「理想の時代」とは、大きな物語がそのまま機能していた時代、「虚構の時代」とは、大きな物語がフェイクとしてしか機能しない時代のことである。この枠組みのなかではオタク的な物語消費＝虚構重視は、「消費社会的シニシズムの徹底した形態」として、終戦から八〇年代まで一貫する流れのうえで捉えられる。そして九五年のオウム真理教事件は、まさにその流れの終わりに位置している。「連合赤軍――およびそれに同時代性を感覚した人々――が、理想の時代の終焉（あるいは極限）を代表しているとするならば、オウム真理教は、虚構の時代の終焉（極限）を代表するような位置を担ったのだ」（注43）。

一四年から八九年までの七五年間は、一九世紀的な近代から二一世紀的なポストモダンへの長い移行期だった。この移行期の時代精神はシニシズムあるいはスノビズムで特徴づけられ、それは冷戦で絶頂に達した。しかし日本では、その過程は四五年の敗戦でいちど切断された。そして逆に、復興期から高度成長期にかけての日本は、むしろ、教育機関や会社組織など、社会のイデオロギー装置を強化し、大きな物語＝国家目標を復活させることで危機を乗り越えてきた。実際にこの時期の効率的な経済成長は、戦中の総力戦体制が遺した法制度や行政システムに大きく支えられている。そして、その統合がふたたび緩んだのが七〇年代であり、その結果、日本では、ポストモダンへの移行が、七〇年代に入ってようやく本格的に、しかしそのぶん急速に進展したのではないだろうか。大澤が論じた「理想の時代」と「虚構の時代」の対立が明確なのは、おそらくはこのような日本独自の状況に基づいている。

8——解離的な人間

ウェルメイドな物語への欲求の高まり

しかし大澤も強調するように、私たちはもはや「虚構の時代」には生きていない。シニシズム＝スノビズムの精神はすでに世界的にも日本的にも有効性を失い、いまや新たな主体形成のモデルが台頭しつつある。このような幅広い視野をもってみると、前節まで検討してきた物語消費からデータベース消費への移動もまた、単にサブカルチャー内部でのモードの変更ではなく、より大きな動きを反映していることがよく分かる。では、そのデータベース消費の背後に、いったいどのようなモデルが窺えるのか。

それを考えるうえで注目すべきなのは、この一〇年間、オタク系文化では、大きな物語の凋落と反比例するように、作品内のドラマへの関心がますます高まってきたという事実である。筆者はいままで、いまやオタク系文化において大きな物語は必要とされていないと論じてきた。しかし現実には、『エヴァンゲリオン』以降、ノベルズのブームやコミックの物語回帰に見られるように、読者や視聴者を一定時間飽きさせず、適度に感動させ、適度に考えさせるウェルメイドな物語への欲求はむしろ高まっているように思われる。そして筆者の考えでは、まさにこの矛盾にこそ、データベース消費を担う主体の性質がもっともはっきりと現れている。

「読む」ゲームがオタク系文化の中心に

具体例に沿って検討していこう。一九九〇年代のオタク系文化では、「ギャルゲー」あるいは「美少女ゲーム」と呼ばれるコンピュータ・ゲームが重要な役割を果たしてきた。このジャンルは八二年に生まれ、九〇年代前半に多様化し、九〇年代後半に全盛期を迎えたと言われる（注44）。ギャルゲーは基本的に成人向けのゲームであり、コンシューマ機（ファミコンやプレイステーション）ではなく、おもにWindows機でプレイされる。その基本的な形式は、プレイヤーが複数用意された女性のキャラクターをさまざまなシステムを通して「攻略」し、報酬として与えられるポルノグラフィックなイラストを鑑賞するというきわめて単純なものである。しかしこの単純さが、かえっていくつもの興味深い試みを生みだしてきた。

そのなかでもここで注目したいのは、九〇年代後半のギャルゲーの隆盛を支え、大量の二次創作や関連商品を生み出し、『エヴァンゲリオン』以降のオタク系文化の中心を担ってきたとも言える「ノベルゲーム」と呼ばれるサブジャンルである。

ノベルゲームとは一般には、かつてゲーム・ブックなどで試みられていたマルチストーリー・マルチエンディングの小説を、コンピュータ・スクリーン上で画像や音楽とともに「読む」ゲームのことを意味する。その基本的な画面は、絵巻物や紙芝居を想像してもらえば分かりやすい。このシステムは九〇年代の初めにスーパーファミコン用のゲーム『弟切草』で確立されたが、九六年に作られた『雫』を契機にギャルゲーの世界に導入された。『雫』は、第二世代のオタクたちが中心となった制作会社Leafの手になるもので、続く『痕』『To Heart』と並びいまでもカルト的な人気を誇っている。

ノベルゲームのプレイヤーは、基本的に、テクストを読み、用意された選択肢を選ぶことしかできない。その自由度はアクションゲームやロールプレイングゲームと比較して圧倒的に低く、また動画やリアルタイムの3D画像が活かされる余地もほとんどない。したがってコンシューマ機の技術的進歩はノベルゲームにとって逆風になったが、低予算で作られる成人向けコンピュータ・ゲームの世界では、逆にその貧しさが利点となった。以下で「ノベルゲーム」とは、とくに断らないかぎり、この後者の世界でのノベルゲーム（ギャルゲーのなかのノベルゲーム）を意味する。いずれにせよ、最近では、コンシューマ機で発売されるノベルゲームの多くは、ギャルゲーからの移植作である。

ノベルゲームのプレイヤーは、他の多くのゲームと異なり圧倒的に受け身である。プレイ時間の大半、プレイヤーはただテクストを読み、イラストを見るだけだ。確かに最近では、BGMを充実させ、台詞に有名な声優をあて、動画を挿入しているゲームも多く、そのなかには興味深い試みも見られる。とはいえ、その中心がテクストとイラストであることはやはり変わらない。そもそもつい数年前までは、データ量が多い音声や動画を家庭用のコンピュータで処理することは難しく、それらは使いたくても使えなかったのである。

このような制限のために、ノベルゲームの進歩は、半ば必然的に、効率よく感動できる（泣ける）テクストと効率よく感情移入できる（萌えられる）イラストの追求へと集中することに

図15　マルチ　HMX－12

『To Heart』制作/Leaf

なった。マルチストーリー・マルチエンディングの構造もこの傾向を後押しした。ストーリーが複数あり、エンディングが複数ある（攻略できる女性が複数用意されている）ということは、できるだけ多くの物語とできるだけ多くのキャラクターを、必要なモジュールの組み合わせによって効率よく作ることを要求するからだ。

　未成熟なハードウェアを利用し、低予算で作られ、成人向けということで不必要な文学性や芸術性を顧慮する必要がないノベルゲームは、以上のような理由で、オタクたちの萌え要素への情熱をもっとも効率よく反映した独特のジャンルに成長していったのである。したがって、ここ数年のオタク系文化でノベルゲームが果たしてきた役割はきわめて大きい。たとえば、『エヴァンゲリオン』以後、男性のオタクたちのあいだでもっとも影響力のあったキャラクターは、コミックやアニメの登場人物ではなく、おそらく『To Heart』のマルチである（図15）。

図16 『Ａｉｒ』起動画面

『Ａｉｒ』制作/Key

ノベルゲームで「泣ける」という意味

ノベルゲームは、このように、総じてデータベース消費に支配された現在のオタク系文化のなかでも、とりわけデータベース消費の特徴が強く現れたジャンルだと言うことができる。そしてその結果として、一部のゲームは、いまやギャルゲーとしての性格すら離れ、ポルノグラフィックな表現よりも萌え要素の組み合わせに重点が置かれた独自の世界を作り始めている。たとえばその典型が、Ｋｅｙが制作した九九年の『Ｋａｎｏｎ』と二〇〇〇年の『Ａｉｒ』という二つの作品である（図16）。

この両作は、販売上は成人向けゲームとされてはいるものの、もはやポルノグラフイックなイラストをほとんど含まない。Ｋｅｙのゲームは、消費者にエロティックな満足を与えるよりも、むしろ、オタクたちに人気のある萌え要素を徹底的に組み合わせ、彼らが効率よく泣き、萌えるための一種の模範解答を提供するために作られている。たとえば『Ａｉｒ』では、ギャルゲーの目的がエロティックな満足にあるという前提を拒否するかのように、あらゆるポルノグラフィックなイラストはすべて前半に押し込められている。一〇時間以上にも及ぶプレイ時間の後半は、実質的な選択肢もなく、ヒロインのメロドラマが語られていくのを淡々と読むだけだ。そしてそのメロドラマも、「不治の病」「前世からの宿命」「友だちの作れない孤独な女の子」といった萌え要素が組み合わされて作られた、きわめて類型的で抽象的な物語である。物語の舞台がどこなのか、ヒロインの病とはいかなる病なのか、前世とはどんな時代なのか、そのような重要な箇所がすべて曖昧なまま、『Ａｉｒ』の物語はただ設定だけを組み合わせた骨組みとして進んでいく。

それでもこの種のゲームが、高い単価にもかかわらず一〇万部以上を売り上げ、商業的に大きな成功を収めているのは、『デ・ジ・キャラット』の成功と同じく、物語の類型からデザインの細部にいたるまで、そこで萌えの基本がきっちりと押さえられているからである。さきほども清涼院流水の小説をめぐって述べたように、九〇年代に現れた新たな消費者にとっては、現実世界の模倣よりも、サブカルチャーのデータベースから抽出された萌え要素のほうがはるかにリアルに感じられる。

したがって、彼らが「深い」とか「泣ける」とか言うときにも、たいていの場合、それら萌え要素の組み合わせの妙が判断されているにすぎない。九〇年代におけるドラマへの関心の高まりは、この点で猫耳やメイド服への関心の高まりと本質的に変わらない。そこで求められているのは、旧来の物語的な迫力ではなく、世界観もメッセージもない、ただ効率よく感情が動かされるための方程式である。

より徹底したシミュラークルの制作が可能に

しかしノベルゲームの消費にはもうひとつ別の側面がある。小説やコミックと大きく異なり、コンピュータ・ゲームの本体は、プレイヤーがスクリーン上に目にするドラマ（小さな物語）ではなく、そのドラマを生成するシステムのほうに求められる。アクションゲームにしろロールプレイングゲームにしろ、スクリーン上に表示される画面や物語展開は、プレイヤーの操作に応じて生成されたひとつのヴァージョンにすぎない。プレイヤーの操作が変われば、同じゲームは異なった画面や物語展開を表示する。そしてゲームの消費者は、当然のことながら、ひとつの物語だけを受容しているのではなく、それら異なったヴァージョンのありえた物語の総体をも受容している。したがって、ゲームの分析においては、この消費の二層構造に注意しておかないと、文学批評や映画批評の枠組みをそのまま持ち込んで失敗することになる。

このようなゲームの構造は、明らかに、いままで検討してきたようなポストモダンの世界像（データベース・モデル）を反映している。したがってコンピュータ・ゲームの発展とポストモダン化の進展のあいだには深い関連があり、実際にそれは時期的な符合でも明らかだが、その点について論じるのはまた別の機会に譲ることとしよう。とりあえずここで重要なのは、ノベルゲームもまたコンピュータ・ゲームである以上、その作品に向かう消費者の意識が二層化されているということである。前述のように、ノベルゲームの表層的な消費は萌え要素の組み合わせで満たされ、オタクたちはそこで泣きと萌えの戯れを存分に享受している。これは確かにそうなのだが、しかし、より詳細に観察すると、また別種の欲望の存在が見えてくる。

それは具体的には、ノベルゲームのシステムそのものに侵入し、プレイ画面に構成される前の情報をナマのままで取り出し、その材料を使って別の作品を再構成しようとする欲望である。ノベルゲームの多くの画面は、実際には複数のデータの組み合わせで作られている。図17の右側に並べた三つの図版は『痕』のプレイ画面だが、これらはすべて、それぞれ左側に示したようなさまざまなファイルに分解することができる。たとえば、もっと

図17　ノベルゲームの二層構造

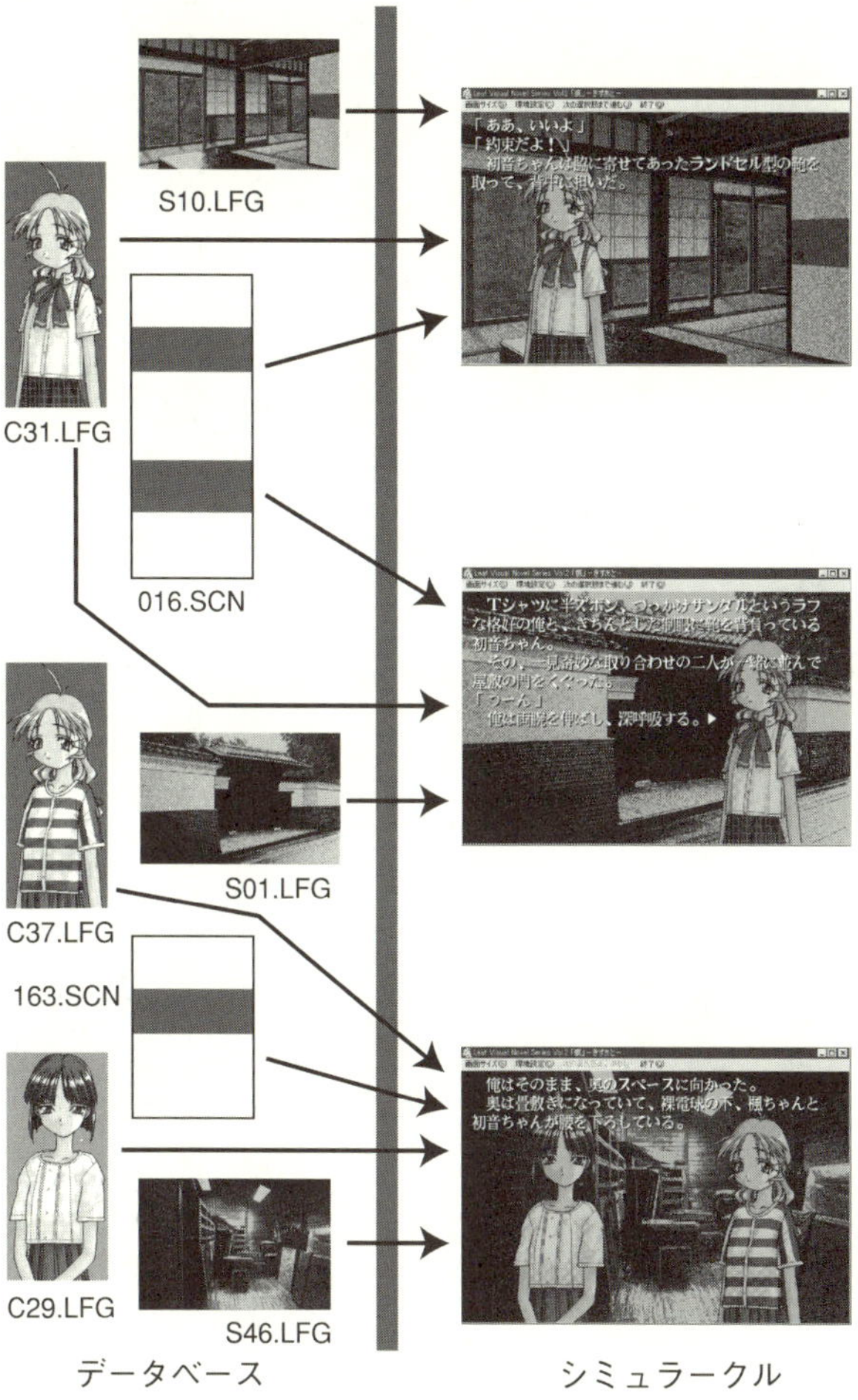

も右上の画面は、和室の背景画像（システムではS10.LFGというファイル名で指定されている）にキャラクターの画像（同じくC31.LFG）を重ね、そのうえにシナリオのテクスト（016.SCNとして指定されているファイルの一部）を重ねて作られていることが分かる。そして図に示したように、同じテクストや画像は、組み合わせによってほかにもさまざまな画面を生み出すことができる。ひとつのファイルの使い回しは、制作過程での省力化だけでなく、九〇年代半ばのハードウェアの条件（記録媒体の限界）から必然的に求められたものでもあった。

画像のこのような使い回しそのものは、コミックやアニメでも頻繁に見られることであり、決して珍しいものではない。とくにアニメでは、ほとんどの画面は複数のセル画の重ね合わせで作られており、ノベルゲームとあまり発想が変わらないとも言える。しかしノベルゲームがアニメと決定的に異なるのは、そこで、画面の断片が制作者によって利用されるだけではなく、消費者によってもたやすく解析され、データベース化されてしまう点である。図で示したようなテクストや画像のファイルは、じつは、購入時の状態では圧縮され暗号化されて読めないことが多い。ところがギャルゲーの消費者には、技術的な知識が豊富で、ハッカー的な気質をもったコンピュータ利用者が多い。それゆえインターネット上には、ここで取り上げた『痕』を始めとして、有力なゲームのデータを解析し、シナリオや画像や音声を「吸い出す」ソフトウェアがいくつも無料で公開されている。図を作るために筆者自身が用いたのも、そのようなフリーソフトのひとつである（注45）。

そしてこのような環境は、ノベルゲームにおける二次創作を、従来の二次創作からさらに一歩踏み出したものに変えつつある。すでに説明したように、二次創作とは、原作の設定をデータベースにまで還元し、そこから任意に抽出された断片の組み合わせで作られたシミュラークルとして提示される作品である。しかし従来の二次創作では、そこで利用される「データベース」とは、あくまでも消費者が自主的に再構成する抽象的なものにすぎず、その点に作者のオリジナリティが入り込む余地があった。たとえば『エヴァンゲリオン』の同人作家は、いくら原作を断片化して組み合わせるといっても、出版される同人誌のページそのものは自分の手で描かねばならなかったのであり、そこにはどうしても作家性が宿らざるをえなかったのである。TVシリーズからのサンプリングで二次創作を作るような試み（「マッドビデオ」と呼ばれていた）もないではなかったが、当時の技術的な限界もあり、やはりそれほど大きな動きにならなかったと言える。

しかし、九〇年代後半のノベルゲームの隆盛と、以上のような解析の一般化、そしてさらに、データを再構成するためのマルチメディア環境の充実は、いまや、そのような二次創作とは質的に異なった、より徹底したシミュラークルの制作を可能にしている。そのひとつの例としては、「マッドムービー」と呼ばれる映像作品が挙げられる。それは、アニメやゲームの画面を取り込み、適当な音楽に合わせて加工し編集して作られる短時間のビデオクリップであり、おもにインターネット上で流通している。八〇年代の「マッドビデオ」と異なるのは、そこでの編集作業がほぼ完全にデジタル化され、結果として制作者の志向や動機が大きく変わってきた点だ。そしてそのなかでも、ノベルゲームの二次創作として作られた作品はとりわけ特異な発達を遂げている。

たとえば『Ａｉｒ』のマッドムービーのなかには、『Ａｉｒ』から吸い出した画像を、ほとんどそのまま、同じく『Ａｉｒ』から吸い出した音楽にのせて編集して作られた作品が見られる。つまりここでは、従来の同人誌的な二次創作とは異なり、完全に原作と同じデータを用い、ただその配列と表現方法だけを変えて作られる新しいタイプの二次創作が現れているのである。同じ方向の動きとしては、ほかにも、キャラクターの画像や音声だけを用いてまったく別種のゲームを作る試みや、Ｗｉｎｄｏｗｓ用に作られたノベルゲームをほかのプラットホームに自主的に移植する試みなど、最近ではいくつも興味深い例が現れている。

このような新しいタイプの二次創作は、原作のデータをそのまま使っている点で、同人誌のような従来の二次創作よりはるかに著作権法上の問題を引き起こしやすい。実際にそれは制作者も自覚しているようで、以上のような試みのなかには、匿名で期間を区切りインターネット上でのみ交換される作品も多い。筆者はその現状について意見を述べる立場にはないが、ただひとつ、そのような欲望が、決して個人の逸脱ではなく、ノベルゲームの本質が（ひいてはポストモダンの本質が）必然的に生み出した欲望だということには注意を促しておきたい。

繰り返すが、ノベルゲームのひとつの場面は、オリジナルにおいても、そもそも複数のデータを組み合わせることで作られている。表層でひとつのものに見える画面や物語展開も、深層では無意味な断片の集まりにすぎない。そこでは、同じテクストや画像が、プレイヤーの操作に応じて幾通りもの異なった役割を与えられている。とすれば逆に、それら断片を別の方法で組み合わせることで、原作と同じ価値をもつ別のヴァージョンのノベルゲームが作れるかもしれないと考えるのは、まったく自然の成り行きだろう。マッドムービーの制作者たちは、原作に出会ったときと同じ感動を別の組み合わせでふたたび実現するためにこそ、熱心にシステムを解析し、データを再構成している。それは、少なくとも彼らの意識のうえでは、盗作やパロディやサンプリングとは本質的に異なる意識で導かれた活動なのである。

小さな物語と大きな非物語がバラバラに共存

　ノベルゲームの消費者はこのように、作品の表層（ドラマ）と深層（システム）に対して、まったく異なる二種類の志向をもつことで特徴づけられる。前者では彼らは、萌え要素の組み合わせによって実現される、効率のよい感情的な満足を望んでいる。それに対して後者では、そのような満足を与えてくれる作品の単位そのものを解体し、データベースに還元したうえで、また新たなシミュラークルを作り上げることを望んでいる。言い換えれば、彼らにおいては、小さな物語への欲求とデータベースへの欲望が、たがいに切り離されて共存しているのである。

　筆者の考えでは、ここには、スノビズムと虚構の時代が終わり、データベース・モデルが優勢となった時代の主体形成のありかたが、文化消費の構造を通してきわめて分かりやすく示されている。近代の人々は、小さな物語から大きな物語に遡行していた。近代からポストモダンへの移行期の人々は、その両者を繋げるためスノビズムを必要とした。しかしポストモダンの人々は、小さな物語と大きな非物語という二つの水準を、とくに繋げることなく、ただバラバラに共存させていくのだ。分かりやすく言えば、ある作品（小さな物語）に深く感情的に動かされたとしても、それを世界観（大きな物語）に結びつけないで生きていく、そういう術を学ぶのである。筆者は以下、このような切断のかたちを、精神医学の言葉を借りて「**解離的**」と呼びたいと思う。

そしてノベルゲームの多くは、興味深いことに、内容的にも、そのような解離の感覚をわざわざ強化するように作られている。前述のように、ノベルゲームはマルチストーリーとマルチエンディングを前提としている。したがってそこではプレイヤーは、ひとりの女性との恋愛だけを辿るわけにはいかない。ノベルゲームの構造は、本質的に、プレイヤーがいくつもの恋愛を変遷することを求めている。にもかかわらず、ノベルゲームのシナリオでは、主人公（プレイヤーの同一化の対象になる登場人物）の性格として、つぎつぎと女性を取り替える漁色のタイプが設定されることは少ない。むしろそこでは、ヒロインとの「運命」や「純愛」が強調されることがきわめて多い。したがってそのようなゲームにおいては、主人公は、各分岐ごとに純愛を経験し、それぞれのヒロインと運命の出会いを送る人物として描かれながら、しかし実際にはプレイヤーが別の分岐を選ぶたびに別の恋愛が運命と呼ばれる、という明確な矛盾を抱えることになる。つまりここでは、普通に考えて、システムの特性が要請するドラマと、シナリオとして用意されているドラマのあいだに大きな齟齬が見られるわけだ。

しかしデータベース消費の局面においては、まさにこの矛盾が矛盾だと感じられないのである。作品の深層、すなわちシステムの水準では、主人公の運命（分岐）は複数用意されているし、またそのことはだれもが知っている。しかし作品の表層、すなわちドラマの水準では、主人公の運命はいずれもただひとつのものだということになっており、プレイヤーもまたそこに同一化し、感情移入し、ときに心を動かされる。ノベルゲームの消費者はその矛盾を矛盾だと感じない。彼らは、作品内の運命が複数あることを知りつつも、同時に、いまこの瞬間、偶然に選ばれた目の前の分岐がただひとつの運命であると感じて作品世界に感情移入している。

このような解離的な心の動きは、もしかしたら読者によっては理解しにくいものかもしれない。近代の小説においては、主人公の小さな物語は、必ずその背後の大きな物語によって意味づけられていた。だからこそ小説はひとつの結末しかもたず、またその結末は決して変えてはならなかった。

対してポストモダンのノベルゲームにおいては、主人公の小さな物語は意味づけられることがない。それぞれの物語は、データベースから抽出された有限の要素が偶然の選択で選ばれ、組み合わされて作られたシミュラークルにすぎない。したがってそれはいくらでも再現可能だが、見方を変えれば、ひと振りのサイコロの結果が偶然かつ必然であるという意味において、やはり必然であり、再現不可能だと言うこともできる。大きな物語による意味づけを運命だと考えるのか、有限の可能性の束から選ばれた組み合わせの希少性を運命だと考えるのか、おそらくここには、小説とノベルゲームの差異にとどまらず、近代的な生の技法とポストモダン的な生の技法のあいだの差異が象徴的に示されている。本書では紙幅の関係でオタク系文化の検討しかできないが、実際には、より広く、シミュラークルの水準で生じる**小さな物語への欲求**とデータベースの水準で生じる**大きな非物語への欲望**のあいだのこの解離的な共存こそ、ポストモダンに生きる主体を一般に特徴づける構造だと筆者は考えている。

9——動物の時代

他者なしに充足する社会

コジェーヴによれば、大きな物語が失われたあと、人々にはもはや「動物」と「スノビズム」の二つの選択肢しか残されていなかった。そして本書ではここまで、そのスノビズムのほうは、世界では一九八九年、日本では九五年に時代精神としての役割を終え、いまは別種の時代精神＝データベース消費に取って替わられつつあると論じてきた。とすれば、ここで、その変化を、コジェーヴの言葉を踏まえて、「**動物化**」と名づけるのもよいかもしれない。

動物化とは何か。コジェーヴの『ヘーゲル読解入門』は、人間と動物の差異を独特な方法で定義している。その鍵となるのは、欲望と欲求の差異である。コジェーヴによれば人間は欲望をもつ。対して動物は欲求しかもたない(注46)。「**欲求**」とは、特定の対象をもち、それとの関係で満たされる単純な渇望を意味する。たとえば空腹を覚えた動物は、食物を食べることで完全に満足する。欠乏─満足のこの回路が欲求の特徴であり、人間の生活も多くはこの欲求で駆動されている。

しかし人間はまた別種の渇望をもっている。それが「**欲望**」である。欲望は欲求と異なり、望む対象が与えられ、欠乏が満たされても消えることがない。その種の渇望の例として、コジェーヴを始め、彼に影響を受けた多くのフランスの思想家たちが好んで挙げてきたのは、男性の女性に対する性的な欲望である。男性の女性への欲望は、相手の身体を手に入れても終わることがなく、むしろますます膨らんでいく(と彼らは記している)。というのも、性的な欲望は、生理的な絶頂感で満たされるような単純なものではなく、他者の欲望を欲望するという複雑な構造を内側に抱えているからだ。平たく言えば、男性は女性を手に入れたあとも、その事実を他者に欲望されたい(嫉妬されたい)と思うし、また同時に、他者が欲望するものをこそ手に入れたいとも思う（嫉妬する）ので、その欲望は尽きることがないのである。人間が動物と異なり、自己意識をもち、社会関係を作ることができるのは、まさにこのような間主体的な欲望があるからにほかならない。動物の欲求は他者なしに満たされるが、人間の欲望は本質的に他者を必要とする——ここでは詳しく述べないが、この区別はじつは、ヘーゲルからラカンまで、近代の哲学や思想の根幹をなしているきわめて大きな前提である。コジェーヴもまたそれを踏襲している。

したがってここで「動物になる」とは、そのような間主体的な構造が消え、各人がそれぞれ欠乏—満足の回路を閉じてしまう状態の到来を意味する。コジェーヴが「動物的」だと称したのは戦後のアメリカ型消費社会だったが、このような文脈を踏まえると、その言葉にもまた、単なる印象以上の鋭い洞察が込められていたことがよく分かるだろう。

アメリカ型消費社会の論理は、五〇年代以降も着実に拡大し、いまでは世界中を覆い尽くしている。マニュアル化され、メディア化され、流通管理が行き届いた現在の消費社会においては、消費者のニーズは、できるだけ他者の介在なしに、瞬時に機械的に満たすように日々改良が積み重ねられている。従来ならば社会的なコミュニケーションなしには得られなかった対象、たとえば毎日の食事や性的なパートナーも、いまではファーストフードや性産業で、きわめて簡便に、いっさいの面倒なコミュニケーションなしで手に入れることができる。そしてこのかぎりで、私たちの社会は、この数十年間、確実に動物化の道を歩み続けてきたと言える。前にも引用したように、コジェーヴはそのような社会について、「蛙や蟬のようにコンサートを開き、子供の動物が遊ぶように遊び、大人の獣がするように性欲を発散する」世界になると予測していた。もし現在の爛熟し情報化した消費社会を見たとしたら、コジェーヴはこの予測はほぼ実現されたと記したかもしれない。

オタクたちの「動物的」な消費行動

そしてこのような視点で見ると、『デ・ジ・キャラット』に萌え、『コズミック』を読み、『Ａｉｒ』に泣いているオタクたちの消費行動もまた、「動物的」という形容にまさに相応しいように思われる。幾度も繰り返しているように、現在のオタクたちはもはやスノビズムを必要としない。スノビズムを生み出した大きな物語への欲望そのものが、いまでは弱体化している。かわりに彼らは、感情的な満足をもっとも効率よく達成してくれる萌え要素の方程式を求めて、新たな作品をつぎつぎと消費し淘汰している。

したがって、そこでは、何か新たな要素が発見されればキャラクターや物語の大勢はすぐ変わってしまうし、また、複数の要素を順列組み合わせで掛け合わせることで、類似した作品がいくらでも生産されてしまう。この集団的で匿名的な作品群のなかでは、従来のような作家性はきわめて小さな役割しか果たしていない。作品の強度は、作家がそこに込めた物語＝メッセージではなく、そのなかに配置された萌え要素と消費者の嗜好の相性によって判断されるのだ。

そしてそのようなオタクたちの行動原理は、あえて連想を働かせれば、冷静な判断力に基づく知的な鑑賞者（意識的な人間）とも、フェティシュに耽溺する性的な主体（無意識的な人間）とも異なり、もっと単純かつ即物的に、薬物依存者の行動原理に近いようにも思われる。あるキャラクター・デザインやある声優の声に出会って以来、脳の結線が変わってしまったかのように同じ絵や声が頭のなかで回り続け、あたかも取り憑かれたようだ、というのは、少なからぬオタクたちが実感を込めて語る話である。それは趣味よりも薬物依存に似ている。

オタクたちの保守的なセクシュアリティ

そして実際に、そのような体験談を額面どおりに受け取ったほうが説明しやすい現実もある。精神科医の斎藤環は、オタク系文化の図像がさまざまな性倒錯で満たされているにもかかわらず、なぜオタクには現実の倒錯者が少ないのか、という問いを幾度か提起している（注47）。男性のオタクたちがロリコンものを好み、女性のオタクたちが男性の同性愛者が登場する「やおい」ものを好むのは八〇年代から有名だが、その一方で、現実の小児性愛者や同性愛者がオタクたちのあいだで決して多くないことも知られている。したがって斎藤の問題提起は興味深い。

ところが残念ながら、斎藤の答えはあまりに複雑である。彼の説明によると、大きな物語を失った（斎藤の言葉では「象徴的去勢に失敗した」となる）オタクたちは、その喪失を埋めるために現実のセクシュアリティと想像的なセクシュアリティを切り離し、後者で前者の不在を補う必要があり、結果として彼らの創作物は過度に性的なイメージで満たされることになったのだ、ということになっている。おそらく、この説明もオタクたちの心理のある側面を突いているのだろうが、こと現象の整理に関するかぎり、不必要に迂遠な論理だという印象は拭えない。

しかし、動物化の流れを念頭に置けば、同じ現実の説明ははるかに簡単にできるように思われる。動物的な欲求と人間的な欲望が異なるように、性器的な欲求と主体的な「セクシュアリティ」は異なる。そして、成人コミックやギャルゲーを消費する現在のオタクたちの多くは、おそらく、その両者を切り離し、倒錯的なイメージで性器を興奮させることに単に動物的に慣れてしまっている。彼らは一〇代の頃から膨大なオタク系性表現に曝されているため、いつのまにか、少女のイラストを見、猫耳を見、メイド服を見ると性器的に興奮するように訓練されてしまっているのだ。しかしそのような興奮は、本質的には神経の問題であり、訓練を積めばだれでも摑めるものでしかない。それに対して、小児性愛や同性愛、特定の服装へのフェティシズムを自らのセクシュアリティとして引き受けるという決断には、またまったく異なった契機が必要とされる。オタクたちの性的自覚は、ほとんどの場合、とてもそのような水準に到達していない（注48）。だからこそ彼らは、前に述べた二次創作への態度と同じく、一方でいくらでも倒錯的なイメージを消費しながら、他方では現実の倒錯に対して驚くほど保守的であるという奇妙な二面性をもっているのである。

虚構の時代から動物の時代へ

大きな物語の捏造から単なる廃棄へ、『ガンダム』から『デ・ジ・キャラット』へ、物語消費からデータベース消費へ、つまりは部分的なポストモダンから全面的なポストモダンへの大きな流れは、このように、そこに生きる人々の動物化を意味する。したがって筆者はここで、四五年から七〇年までを理想の時代、七〇年から九五年までを虚構の時代として捉えた大澤真幸の議論を受け継ぎつつ、九五年以降の時代を「**動物の時代**」と名づけたいと思う。消費者の動物化というこの変化は、幾度も繰り返しているように、ポストモダン化全体のなかで生じたものであり、決して国内的な現象ではない。ただそれでも、理想の時代と虚構の時代の対立が先鋭だったのと同じように、虚構の時代から動物の時代への移行も、この国ではとりわけ急速で明確だったように思われる。

そこでひとつ参考になるのが、オタク系文化とは異なる方向で九〇年代のジャーナリズムを賑わしていたストリート系の少女、いわゆる「コギャル」たちの行動様式である。筆者はこちらについてはほとんど細かい動向を知らず、考察は一般的な報道に頼らざるをえない。だからきわめて大雑把な印象でしか語れないのだが、しかしそのかぎりでは、彼女たちの行動様式は、表面的にはオタクたちと正反対の部分も多いにもかかわらず、やはり同様に「動物的」と言えるように思われる。彼女たちは、自らの性的身体を主体的なセクシュアリティから切り離して売買することにほとんど抵抗を感じず、知り合いは多いが本質的には孤独なコミュニケーションのなかで、欲求の満足に対してはきわめて敏感な生活を選んでいた。

コギャルとオタクの類似性

そしてこのコギャルの台頭はまた、オタク系文化の変化とも決して無関係ではない。九〇年代後半にストリート系の少女文化の紹介者としてよく知られていたのは社会学者の宮台真司だが、その彼の問題意識は、じつは同世代である大塚英志や大澤真幸ときわめて近いところを動いている。したがって彼の文章を辿ると、オタクとコギャルという二つのサブカルチャー集団が、本質的には同じひとつの社会的変化を反映して現れてきたものであることがよく分かる。

たとえば、宮台が初めてコギャル（当時は「ブルセラ少女」と呼ばれていた）について主題的に論じた著作は九四年の『制服少女たちの選択』だが、この著作はまた、後半にすぐれたオタク論を収めていることでも注目される。宮台によれば、七三年以降、日本社会では世代的な共同性が失われ、若者集団は「島宇宙化」している。八〇年代に現れた「新人類」と「オタク」と呼ばれる人々は、その変化に対応した最初の集団である。そして彼の分析によれば、新人類とオタクの行動原理は、ともに「シンボルの交換を中心とした深さを欠いたコミュニケーションと、限定された情報空間の内部でかろうじて維持される自己像」で特徴づけられる。彼らが虚構的なシンボルの交換を重視するのは、「かつてよりも希薄なものになったコミュニケーション前提を、いわば人為的に埋め合わせるため」だ（注49）。これは明らかに、大塚によって物語消費と呼ばれ、大澤によって「第三者の審級の二次的な投射」と呼ばれたものと同じ心理過程を指す分析である。大きな物語が失われたあと、サブカルチャーによって替わりを捏造しようとするその欲望を、宮台のほうでは「（世界の）有意味化戦略」と呼んでいる。

しかし、『制服少女たちの選択』でも強調されているように、九〇年代はその戦略が飽和し、「限定された情報空間」を維持することすら難しくなった時代である。本書の言葉で言えば、物語消費すら難しくなった時代なわけだ。そして九五年以降の宮台は、このような認識のうえで、ストリート系の少女たちの即物的な行動原理を高く評価し、「まったり革命」や「意味から強度へ」といったスローガンを掲げてジャーナリスティックな活動を始めることになる。それ以降の宮台はまとまった文章を書いていないので引用が難しいが、彼の基本的な姿勢は、これらのスローガンからでも、またさまざまなエッセイからでも明らかである。そしてそこには、本書でここまで論じてきたようなデータベース消費の問題との興味深い符合が見られる。

たとえば宮台は、オウム真理教事件の直後に出版されたエッセイ集『終わりなき日常を生きろ』において、「終わらない日常に適応できない者」と「適応できる者」の対立を執拗に問題にしている。オウム真理教徒は前者の代表であり、「ブルセラ少女」は後者の代表である。このような対立のうえで、宮台は、前者の閉塞性を知的に乗り越えることはおそらく可能だが、「その間接性たるや気が遠くなるほどであり、その実効性には疑いを禁じえない」と記し、続けて、「しかし私は、まったく別の道があるかもしれないと思っている。それは、全面的包括要求そのものを放棄するという、決定的な、しかも現に私たちが進みつつある道である」と述べている(注50)。記号化され、匿名化された都市文化のなかで、「ユミとユカの区別もつかない」でまったりと生きている九〇年代のブルセラ少女たちには、もはや世界全体を見渡そうという意志(全面的包括要求)も、その断念から来る過剰な自意識も存在しない。彼らは有意味化戦略をもたず、物語消費も必要としない。

これはまさに、筆者がここまでデータベース消費として論じてきたものと同じ「道」である。八〇年代のスノッブなオタクたちが新人類と表裏の関係にあったように、九〇年代の動物化したオタクたちは、おそらくはこの少女たちと表裏の関係にあったのだ。

オタクたちの社交性

ポストモダンの時代には人々は動物化する。そして実際に、この一〇年間のオタクたちは急速に動物化している。その根拠としては、彼らの文化消費が、大きな物語による意味づけではなく、データベースから抽出された要素の組み合わせを中心として動いていることが挙げられる。彼らはもはや、他者の欲望を欲望する、というような厄介な人間関係に煩わされず、自分の好む萌え要素を、自分の好む物語で演出してくれる作品を単純に求めているのだ。

とはいえ、このような主張には反論があるかもしれない。なるほど、オタクたちが作品に向ける態度は動物化しているだろう。つまり、欠乏―満足という単純な論理で動くものになっているだろう。しかし彼らは同時に、それなりに社交的な人々としても知られているのではないか。オタクたちは実際には、他者との接触を避けるどころか、インターネット上のチャットや掲示板、現実世界での即売会やオフ会などを通して、きわめて多様なコミュニケーションを展開しているのではないだろうか。そしてそこには、他者の欲望を欲望する、という複雑な関係もしっかりと働いているのではないだろうか。オタクたちはいまでも、世代にかかわらず、友人とコレクションを競い、嫉妬し、虚勢を張り、ときに党派を作って誹謗中傷を投げ合っている。このような振る舞いはまったく「人間的」であり、この一〇年間でとくに変わったわけではないし、これからも変わらないだろう。とすれば、オタクたちが動物化し、彼らから欲望の水準が抜け落ちつつある、と主張するのはあまりに一面的ではないだろうか。

ところがそうではないのだ。なるほど確かに、ポストモダンのオタクたちも「人間」であり、欲望と社交性を備えている。しかしその欲望と社交性のありかたは、やはり、かつての近代的な人間からずいぶんと離れているのである。

幾度も繰り返しているように、オタクたちは現実よりも虚構のほうに強いリアリティを感じ、そのコミュニケーションもまた大部分が情報交換で占められている。言い換えれば、彼らの社交性は、親族や地域共同体のような現実的な必然で支えられているのではなく、特定の情報への関心のみで支えられている。したがって彼らは、自分にとって有益な情報が得られるかぎりでは社交性を十分に発揮するのだが、同時に、そのコミュニケーションから離れる自由もまたつねに留保している。携帯電話の会話にしろ、インターネット上のチャットにしろ、不登校や引きこもりにしろ、そのような「降りる」自由は、オタク系文化にかぎらず、九〇年代の社会を一般に特徴づけてきたものだ。

私たちの生きる時代とは、そもそも、たいていの生理的な欲求を動物的にすみやかに満たすことができる時代である。それが個々人の豊かさの実感に繋がっているかどうかはともかく、この点で、現代の日本が先行する時代に比較し圧倒的に便利であることは疑いえない。そして、オタクたちの社交性は、宮台も指摘したとおり、そのような社会に適応して生み出されている。現実の必然性はもはや他者との社交性を要求しないため、この新たな社交性は、現実に基盤をもたず、ただ個人の自発性にのみ基づいている。したがって、そこでいくら競争や嫉妬や誹謗中傷のような人間的なコミュニケーションが展開されたとしても、それらは本質的にはまねごとであり、いつでも「降りる」ことが可能なものでしかないのだ。コジェーヴならばこの事態を、オタクたちは社交性の実質を放棄したが、その形式だけを維持していると述べるかもしれない。繰り返すが、このような傾向は、九〇年代においてはもはやオタクたちに限られたものではなかった。

大きな共感の存在しない社会

そして社交性のこのような形骸化を補うように台頭してきたのが、まさに、前節で検討した小さな物語への関心の高まりなのである。ポストモダン＝動物の時代においては、世界は、小さな物語と大きな非物語、シミュラークルとデータベースの二層構造で捉えられる。そしてそこでは、深層に大きな物語がない以上、生きる「意味」を与えてくれるのは表層の小さな物語だけである。データベースは意味を与えてくれない。だからこそ九〇年代のオタクたちは、作品を解体し、分析し、再構成する欲望をもっていながら、いや、むしろそれゆえに、作品の表層に宿るドラマに素直に感動していくのだ。

ノベルゲームの消費は二層化されている。データベースの水準で生じるシステムへの欲望と、シミュラークルの水準で生じるドラマへの欲求である。前者ではオタクたちにも社交性が要求される。彼らは活発にチャットを交わし、オフ会を開いて、情報を交換し、二次創作を売買し、新作の評価について議論し合っている。しかし対照的に、後者では社交性はまったく要求されない。彼らの物語への欲求は、きわめて個人的に、他者なしに孤独に満たされている。ノベルゲームは決して多人数でプレイするものではない。そしてそこで九〇年代に急速に高まった「泣き」や「萌え」への関心は、彼らがもはや、データベースを介して作られる疑似的な社交に感動や感情移入を期待していないことをはっきりと示している。これは一面だけ見れば、現実のほうで感動することができないので、虚構のほうで感動を求める、というよく指摘されているオタクたちの心理である。しかし、筆者がここでわざわざ「ポストモダン」や「データベース」といった概念を用いて論じてきたのは、その変化が、単に感情の場所が変わっただけではなく、質の変容を伴っているからなのだ。

ルソーを持ち出すまでもなく、かつては、共感の力は社会を作る基本的な要素だと考えられていた。近代のツリー型世界では、小さな物語（小さな共感）から大きな物語（大きな共感）への遡行の回路が保たれていたからである。しかしいまや感情的な心の動きは、むしろ、非社会的に、孤独に動物的に処理されるものへと大きく変わりつつある。ポストモダンのデータベース型世界では、もはや大きな共感など存在しえないからだ。そして現在のオタク系作品の多くは、明らかに、その動物的処理の道具として消費されている。このかぎりで、オタク系文化における萌え要素の働きは、じつはプロザックや向精神薬とあまり変わらない。そして同じことは、また、ハリウッド映画やテクノ・ミュージックなど、さまざまな娯楽産業の働きにも言えるのではないか。

そろそろ結論に入ることとしよう。データベース型世界の二層構造に対応して、ポストモダンの主体もまた二層化されている。それは、シミュラークルの水準における「小さな物語への欲求」とデータベースの水準における「大きな非物語への欲望」に駆動され、前者では動物化するが、後者では疑似的で形骸化した人間性を維持している。要約すればこのような人間像がここまでの観察から浮かび上がってくるものだが、筆者はここで最後に、この新たな人間を「**データベース的動物**」と名づけておきたいと思う。

近代の人間は、物語的動物だった。彼らは人間固有の「生きる意味」への渇望を、同じように人間固有な社交性を通して満たすことができた。言い換えれば、小さな物語と大きな物語のあいだを相似的に結ぶことができた。

しかしポストモダンの人間は、「意味」への渇望を社交性を通しては満たすことができず、むしろ動物的な欲求に還元することで孤独に満たしている。そこではもはや、小さな物語と大きな非物語のあいだにいかなる繋がりもなく、世界全体はただ即物的に、だれの生にも意味を与えることなく漂っている。意味の動物性への還元、人間性の無意味化、そしてシミュラークルの水準での動物性とデータベースの水準での人間性の解離的な共存。現代思想風の用語を使って表現すれば、これが、本章の第二の問い、「ポストモダンでは超越性の観念が凋落するとして、ではそこで人間性はどうなってしまうのか」という疑問に対する、現時点での筆者の答えである。

第三章……超平面性と多重人格

1——超平面性と過視性

ポストモダンの美学

前章までの議論で、ポストモダンという視点からオタク系文化の現状を分析する、あるいはその逆に、オタク系文化の分析を通してポストモダンの本質を探る、という本書の目的はあるていど達成してしまったように思う。「データベース」「シミュラークル」「大きな非物語」「二層構造」「動物の時代」「萌え要素」「解離」などなど、あまり一般的でない言葉も数多く使ってきたが、筆者は、それらの概念は、オタク系にかぎらず、現在の文化一般を分析するうえでも有益なものだと信じている。いずれにせよそれらは、現代思想とサブカルチャーを往復しつつ一九九〇年代の日本を過ごしていた筆者にとっては、単なる概念以上の重みを伴った、言ってみれば「リアル」な言葉である。本書の冒頭でも記したように、その個人的な経験と分析が、少しでも多くの読者を納得させ、それぞれの立場での世の中の理解に役立てば、それに越した喜びはない。

というわけでこの章では、原理的な考察はもうやめて、ポストモダンとは表層的にはどのような世界で、そこで流通する作品はどのような美学で作られるのか、そのヒントとなるような思いつきを二つほど記しておきたいと思う。前章がポストモダン分析の理論編だったとしたら、本章は、その応用編の予告のようなものである。

HTMLの性質

ひとつはウェブの記号的な世界についてである。インターネットの起源は六〇年代まで遡るが、私たちがいま普通に「インターネット」と呼んでいるウェブページ（ホームページ）の集合体は、九〇年代に入ってようやく誕生したものである。そのシステムは、厳密には、ネットワークそのものを意味する「インターネット」と区別して、「ワールド・ワイド・ウェブ（WWW）」、略して「ウェブ」と呼ばれている。『日経BPデジタル大事典』の記述を借りれば、ウェブとは、「ハイパーテキスト形式の分散情報システム」であり、「ハイパーテキストは文書の中にポインタを設けて、そのポインタからほかの文書や図にジャンプするリンクを設けた構造になっている。このようにして世界中に分散している情報を相互にリンクすることからワールド・ワイド・ウェブ（世界的なクモの巣）の名前が生まれた」とのことである（注51）。

話を簡単にするため、以下、断りなしに「インターネット」と言ったらこのウェブの世界を指すことにしよう。さて、ウェブも含め、インターネットの構造がポストモダンの二層構造を反映している、というのは前章で述べた。しかしここではそのような全体的な構造ではなく、あえて表層だけに注目してみたい。インターネットの表層、つまりスクリーンに表示されるウェブページについて考えるとき、まず考えねばならないのはＨＴＭＬの性質である。というのも、ウェブにおいては、定義上、あらゆるページは必ずこの言語で書かれることになっているからだ。いかなる文章が書かれ、いかなる画像が埋め込まれていようとも、ウェブページは必ずＨＴＭＬで書かれている。

　ＨＴＭＬは簡単なプログラム言語である。それは本来はページ内の各要素の関係（たとえば、あるテクストは表題なのか本文なのか、ある段落は引用なのか否か）を指定し、ブラウザにその情報を伝えるために用いられるものだ。たとえば、ＨＴＭＬには〈h1〉というタグが定義されているが、これは、そのタグに挟まれた文字列が最上位の見出し語（「見出し語1」）であることを意味している。しかし実際には、このような機能は、むしろウェブページをデザインするために使われることが多い。〈h1〉であれば、単に文字サイズを大きくするため、無造作に本文中で使われていることもしばしばだ。

　しかしこの使い方は決して適切ではない。というのも、ＨＴＭＬの表示は、じつはＯＳやブラウザによって大きく異なるからである。ＨＴＭＬは、原則としては、ページのなかに含まれた各要素の論理的な関係を示すものであり、その視覚的な表現はユーザー環境に委ねている（注52）。つまり、<h1>のタグは、ある文字列が「見出し語1」として読まれるべきであることを指定するにすぎず、その具体的な表示サイズや位置は指定しないのである。したがって、まったく同じHTMLで書かれたウェブページも、WindowsとMac、Internet ExplorerとNetscape Navigatorでは、細部の表示が異なることがしばしばだ。その齟齬は、専門のデザイナーであろうとアマチュアであろうと、多少とも意識的にウェブページをデザインしようとする人々にとっては、つねに悩みの種になっている。

「見えるもの」が複数ある世界

しかしこの限界は、HTMLの不備というより、むしろ、ウェブの世界が、印刷物の世界とはまったく異なった論理で動いていることを示したものだと考えたほうがよい。説明を簡単にするため、ここで**「見えるもの」**と**「見えないもの」**の対立という考え方を導入してみよう。

印刷されたページを目の前にするとき、私たちは、まず印刷されたテクストを見て、つぎに意味に遡っている。これはつまり、「見えるもの」から「見えないもの」へ遡っているということである。そして逆に自分で文章を書くときにも、意味を具体的な言葉の列に落とす、つまり「見えないものを見えるものに変える」という発想が支配的だ。

この発想はじつは、単なる印象論にとどまらず、一九世紀から二〇世紀にかけての学問をあちこちで規定してきたことが知られている。これは現代思想では「音声中心主義」と呼ばれ、さまざまな検討が加えられているのだが、ここではその細部に踏み込むのは止めておこう。いずれにせよ、印刷物の表現の世界は「見えないものを見えるようにする」という論理で動いてきた、ということさえ頭に入れておいてもらえばそれで十分だ。

ところがウェブの世界はそのように作られていない。そこではまず「見えるもの」の状態が定かではない。繰り返すが、ウェブページの本質はHTMLで書かれた一群の指示であり、ユーザーに見える画面は、それぞれのOSやブラウザ、さらにはモニタやビデオチップまで含めた環境による「解釈」にすぎない。しかもウェブページはブラウザを通して見なくてもよい。実際にそのソースコード（HTML）は、<h1>などのタグが入ったテクストとして、エディタで簡単に開くことができる。そしてそれもまた、テクストとして表示されているかぎりは、やはり「見えるもの」である。このような意味で、ひとつのウェブページには、見えるものがつねに複数あると言うことができる。

だから、ウェブページを読むときには、従来のように「見えるものから出発する」という単純な前提を取ることができない。具体的に言えば、ウェブページの質を判断するときに、ひとつのOS、ひとつのブラウザ、ひとつのマシンで見たときの印象を基準にすることはできない。ある環境できわめて効率よく、美しく作られたページが、別の環境ではまともに表示すらされない、というのはよくあることなのである。したがってこの世界では、ページの「デザイン」は、見える部分のみではなく、むしろ、できるだけ多くの環境で問題なく動き、できるだけ同一の外見を保つことのできるＨＴＭＬで書かれているのかどうか、見えない部分も含めて判断されるのだ。ここには価値観の大きな変化がある。印刷媒体では確固とした見えるものが出発点だったが、ウェブの世界では、まず複数の見えるものの比較検討から入らなければならないわけだ。

「見えないもの」の不安定な位置

そしてウェブの世界では「見えないもの」の位置も安定しない。というのも、ＨＴＭＬがテクストとしても開けることに示されているように、ウェブでは、ある環境で（ブラウザで）見えないものが、環境を変えれば（エディタを使えば）すぐに見えるものになってしまうからである。ウェブページをブラウザで見ているときには、その外見を規定している構造的な情報は見えない。しかしその情報も、ＨＴＭＬを開けば、タグやスクリプトとしてはっきりと見えるようになる。

たとえば、あるウェブページのレイアウトがどのように作られているのかを知りたければ、ＨＴＭＬを開くのがもっとも早い。そこには、どこにどのくらいの大きさで表やイメージが配置され、文字色や背景色がどのように設定されているのか、すべての指定が具体的な数値として記されているからだ。そのような数値は、印刷されたページのレイアウトでは、自分で定規でも使って測らないかぎり決して手に入らなかった。そして、ＨＴＭＬでは直接扱っていない特殊なデータ（プラグインで再生されるデータ）の情報も、適切なアプリケーションさえあれば、すべて解析することができる。

しかもＨＴＭＬには、そのような視覚的な構造の情報だけではなく、意味的な構造の情報も含まれている。たとえば、さきほども触れた〈h1〉を始め、定義語を表す〈dfn〉や略語を表す〈abbr〉など、ＨＴＭＬには、文字列の役割を直接に指定するタグがいくつも定義されている。印刷媒体ではこのような役割は、視覚的なデザインを通して間接的に伝えられるほかなかった。たとえば、〈h1〉の機能は文字列を大きく印刷することで、〈dfn〉の機能は改行や太字で、〈abbr〉の機能は直後にカッコを配して原語を明記することで、間接的に果たされるほかなかった。しかしＨＴＭＬは、そのような役割すら見えるものにしてしまう。言い換えれば、印刷媒体ではあくまでも見えないものだった個々の文字列の役割が、ウェブでは、ＨＴＭＬをエディタで開きさえすれば、原理的には見えるものに変えられてしまうのである（注53）。

ある環境での見えないものが別の環境では見えるものになる、というこの性質は、ウェブにかぎらず、もともとコンピュータの世界に共通している。私たちはいま、グラフィカル・ユーザー・インターフェイス（いわゆるデスクトップ画面）を用い、アプリケーションソフトを動かしてコンピュータを操作することにあまりに慣れている。しかし、計算機の基本は、あくまでも一連の数や文字により書かれたプログラムであり、さらにはその基礎にある二進数の数列である。したがって、デスクトップを「見る」ことでコンピュータを操作しているとき、その背後には、じつはプログラムや二進数が見えないものとして存在しているはずなのだ。

私たちは普段あまりそれを意識しない。しかしコンピュータは本質的に、そのような見えないものも、環境さえ整えば即座に見えるものにしてしまう性質をもっている。アプリケーションのインターフェイスの背後に隠されたプログラムを見ることは、適切なソフトウェアさえ手に入れ、復号化（これは「逆コンパイル」と呼ばれ、実際には禁止されていることも多い）を施せば簡単にできる。普通にコンピュータを使っているかぎりこのようなことは意識しないですむが、もし、ウェブも含め、コンピュータを基礎とした新たな文化について考えようとするのならば、このような原理的な特徴を無視するわけにはいかない。

データベース消費はウェブの論理に似ている

ウェブの世界では、印刷物の世界と異なり、「見えるもの」は複数あり、「見えないもの」の位置も安定しない。したがってそこでは、表現者が見えないものを見えるものに変えることで作品を作り、鑑賞者が逆に見えるものから見えないものへ遡る、という従来の論理は通用しない。というのも、ウェブの世界では、多少自覚的な鑑賞者ならば、単に見えるもの（画面）を見るだけではなく、ソースコードを開き、見えないものも見えるように変えてしまうからだ。

それは前章で言えば、ノベルゲームのユーザーが、システムを解析し、画像やシナリオを吸い出したことに相当する行為である。ユーザーからのこの能動性があるかぎりで、ウェブの世界、あるいはより広くソフトウェアの世界では、「作品」の単位は、単にユーザーが見るものだけではなく、そこで見えないはずのものまで含めて定義されねばならないことになる。具体的に言えば、ウェブページであれば表示画面だけでなくHTMLまで含めて、ノベルゲームであればドラマだけでなくシステムまで含めて、アプリケーションであればインターフェイスの美しさだけでなくソースコードの効率性まで含めて、評価の対象とならねばならないのだ。ウェブページの文化は、「ページ」という比喩のせいか、あるいは日記や掲示板など文章中心のサイトがいまでも多いせいか、印刷文化の延長として捉えられることが少なくない。しかし、それは本質的には、ゲームやソフトウェアにはるかに近い論理で支えられた文化である。

インターネットの構造はポストモダンの世界像を反映している。したがって、その構造が生み出したこのようなウェブの論理も、実際にはインターネットやコンピュータの世界だけで見られるものではない。だれでも知るように、この数年、あらゆるジャンルの表現は、よりインターネット的に見え、よりコンピュータ的に見える外見を求めて雪崩を打って変貌を遂げている。そしてその結果、ウェブの論理は、技術的にはそれらと無関係な多くのジャンルにも広く深く浸透し始めている。

たとえば、本や雑誌は今後も出版され続けるだろうが、その構成や文体はますますウェブページに近づいていくだろうし、映画は今後も上映され続けるだろうが、その演出や編集はますますゲームやビデオクリップに近づいていくだろう。前章で検討したオタク系文化の変化も、当然のことながらその流れのなかで現れている。そもそも、作品の本体をデータベース（見えないもの）として捉え、消費者の好みに応じてそこからシミュラークル（見えるもの）を読み込んでいくというデータベース消費の行動様式そのものが、以上のようなウェブの論理にぴったりと合ったものなのだ。だからこそ、ウェブでのコミュニケーションが中心となったノベルゲームの消費には、動物の時代の特徴が凝縮されていたのである。

異なる階層が並列されてしまう世界

以上のようなウェブやゲームやソフトウェアの世界、ひいては私たちが生きるこのポストモダンの世界の特徴を、ここで**「超平面的」**という言葉で捉えてみたい（注54）。この表現は、文字どおり、徹底的に平面的でありながら、同時に平面を超えてしまうという特徴を意味している。コンピュータのスクリーンに代表される超平面的な世界は、平面でありながら、同時にそこから超えるものも並列して並べてしまう。

具体例で考えてみよう。図18は、筆者が使っているコンピュータのデスクトップから取ったスナップショットである。ここにはひとつのデータの三種類の表現が並べられている。まず、もっとも左側に開かれているウィンドウでは、筆者が最近出版した対談集の表紙のイメージを表示している。このイメージはAdobe Illustratorというドロー・アプリケーションで作られており、画像内の図形はすべて座標やベクトルで数値的に指定されている。したがってこのファイルは、イメージとしてと同時に、また、それらの膨大な指示からなるテクストとしても開くことができる。右下のウィンドウがそのテクストを表示している。

しかし実際にはこのテクストもファイルの本体ではない。というのも、コンピュータが処理しているのは、あくまでも二進数の数列であり、決して英数字そのものではないから

図18　デスクトップの超平面的な世界

だ。したがって、同じファイルはまた別の方法で表示することもできる。右上に開かれた小さなウィンドウは、「データフォーク・エディタ」と呼ばれる特殊なソフトウェアを使い、同じファイルのデータ部分を一六進数で表示したものだ。

　ではこの三つのウィンドウの関係はどのようなものだろうか。普通に考えれば、右上に表示されたデータがもっとも「本体」に近く、それがエディタで解釈されてテクストとなり、さらにそれがAdobe Illustratorで解釈されてイメージとなる、と階層的に捉えられるだろう。しかし、コンピュータの世界では、そのような階層関係は説明原理としては正しいものの、物理的にはほとんど根拠がない。というのも、もしファイルの「本体」なるものがあるとすれば、それはハードウェアのどこかに格納された電磁気的なパターンにすぎず、その解釈という点では一六進数もテクストもイメージも変わらないからだ。だからこそそれらは、三つのウィンドウとして、同じスクリーンのうえに並べることができるし、またそうせざるをえないのである。

この構造にはポストモダンの世界像がみごとに反映されている。ポストモダンにおいては、世界の深層はデータベースとして表象され、表層に位置する記号はすべてその解釈（組み合わせ）として捉えられる。同じように、この例では、ファイルの深層は見えない情報として表象され、スクリーン上に表示された三種類の表現はすべてその解釈として捉えられている。したがって、そのシミュラークルの世界では、AがBを、BがCを、CがDを規定するといったツリー型の階層関係よりも、AもBもCもDもすべて同じ情報からの読み込みとして捉える並列関係のほうが好まれるのだ。

このような特徴はいまやコンピュータの世界に限られない。たとえばオタク系文化で言えば、前章で詳しく検討したように、アニメやノベルという作品の単位と、その背景にある設定やキャラクターと、さらにその背景にある萌え要素という異なった階層の情報が、ウィンドウを開くように等価に並行して消費されているという現実がある。現在のグラフィカル・ユーザー・インターフェースは、このかぎりで、単なる便利な発明にとどまらず、私たちの時代の世界像を凝縮したみごとな装置だと言うことができるだろう。

物語が横滑りしていく構造

最後にもうひとつ付け加えておこう。このような超平面的な世界は、また、見えないものがつぎつぎと見えるものに変えられ、同じ平面のうえに並べられてしまうがゆえに、かえって見えないものへの探求が止まらない、という逆説を生み出すことになる。さきほどの例であれば、ドロー・アプリケーションからエディタへ、そしてデータフォーク・エディタへ、と環境を変えることで見えないものをつぎつぎと見えるようにしていく行為は、論理的には階層を遡っているにもかかわらず、その世界（デスクトップ画面）のなかでは同じ平面のうえを横滑りしているにすぎないと見なされる。したがってそこでは、最終審級に辿り着くことなく、できるだけ多くの見えないものを見えるものに変え、できるだけ多くのシミュラークルをデータベースから引きだそうとする別種の欲望が台頭することになる。たとえばウェブでは、世界的に有名なサイトでも単なる個人サイトでも等価にリンクされてしまうため、半ば必然的に、検索エンジンを頼りに無数のサイトを渡り歩くことが要求される。そしてその探索は、あるていど深くインターネットの世界に関わった読者なら分かるように、内在的には終わる契機がない。同じタイプの欲望は、オタク系文化においても、トレカの消費者たちのコンプリート（すべてのカードを集めること）への情熱や、ギャルゲーのプレイヤーたちの全分岐クリアーへの情熱、それに何よりも、同人誌即売会の林立を支えている二次創作のコレクションへの情熱としてはっきりと現れている。前章でも触れたように、データベース消費のなかにいるオタクたちは、ひとたびある作品に捕まれば、あとは関連商品と二次創作を無限に消費してくれる。彼らが前にしているデータベース型世界では、その情熱を鎮めるための「大きな物語」が存在しないからだ。

超平面的なシミュラークルの世界、すなわちポストモダンの表層に対して働く欲望のこのような特徴を、今度は「**過視的**」という言葉で捉えてみよう。これは、過剰に可視的という意味を込めて筆者が作った造語で、見えないものをどこまでも見えるものにしようとし、しかもその試みが止まることがないという泥沼の状態を指している（注55）。筆者は前章で「小さな物語への欲求」と「大きな非物語への欲望」の解離的な共存について述べたが、このような観点で捉えると、その両者は過視的な関係で繋がっているとも言えるかもしれない。見えるもの（小さな物語＝シミュラークル）から見えないもの（大きな非物語＝データベース）へと遡行しようと試みながら、しかし果たされないままに小さな物語の水準を横滑りしていく、そういう不発の構造が、筆者がここで「過視的」と名づけたいものだからである。

図19a　近代の超越性

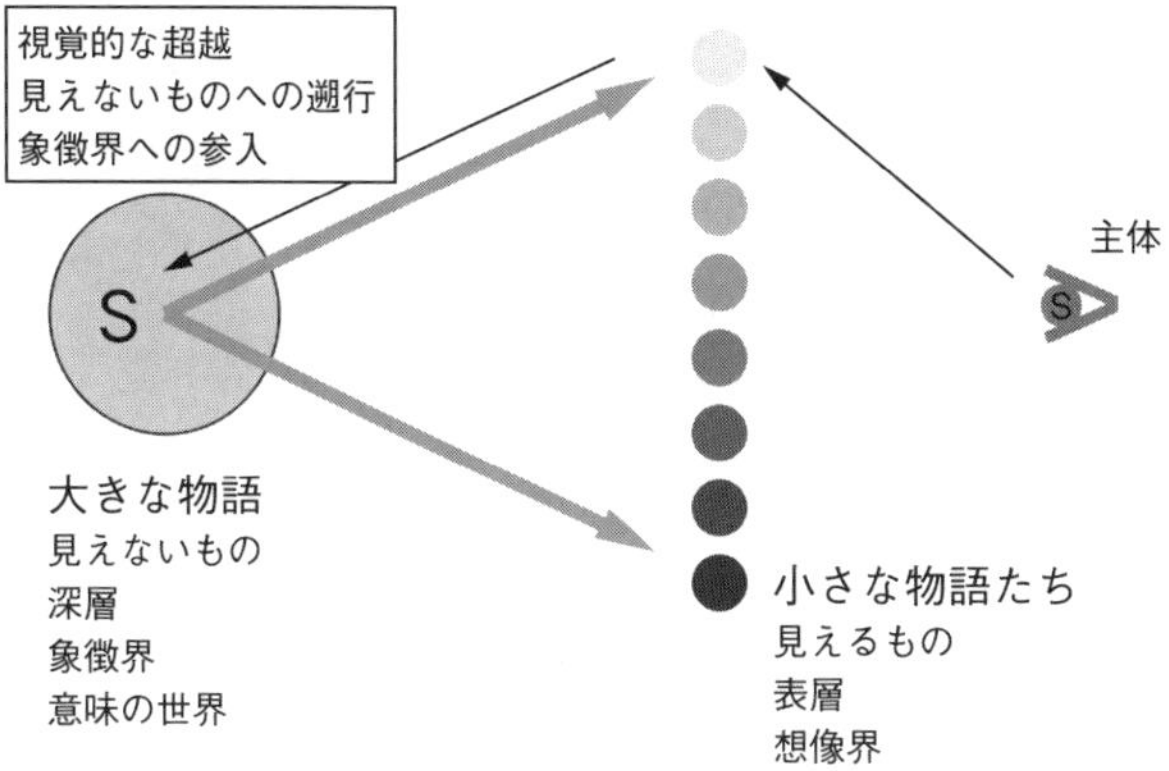

図19b　ポストモダンの超越性

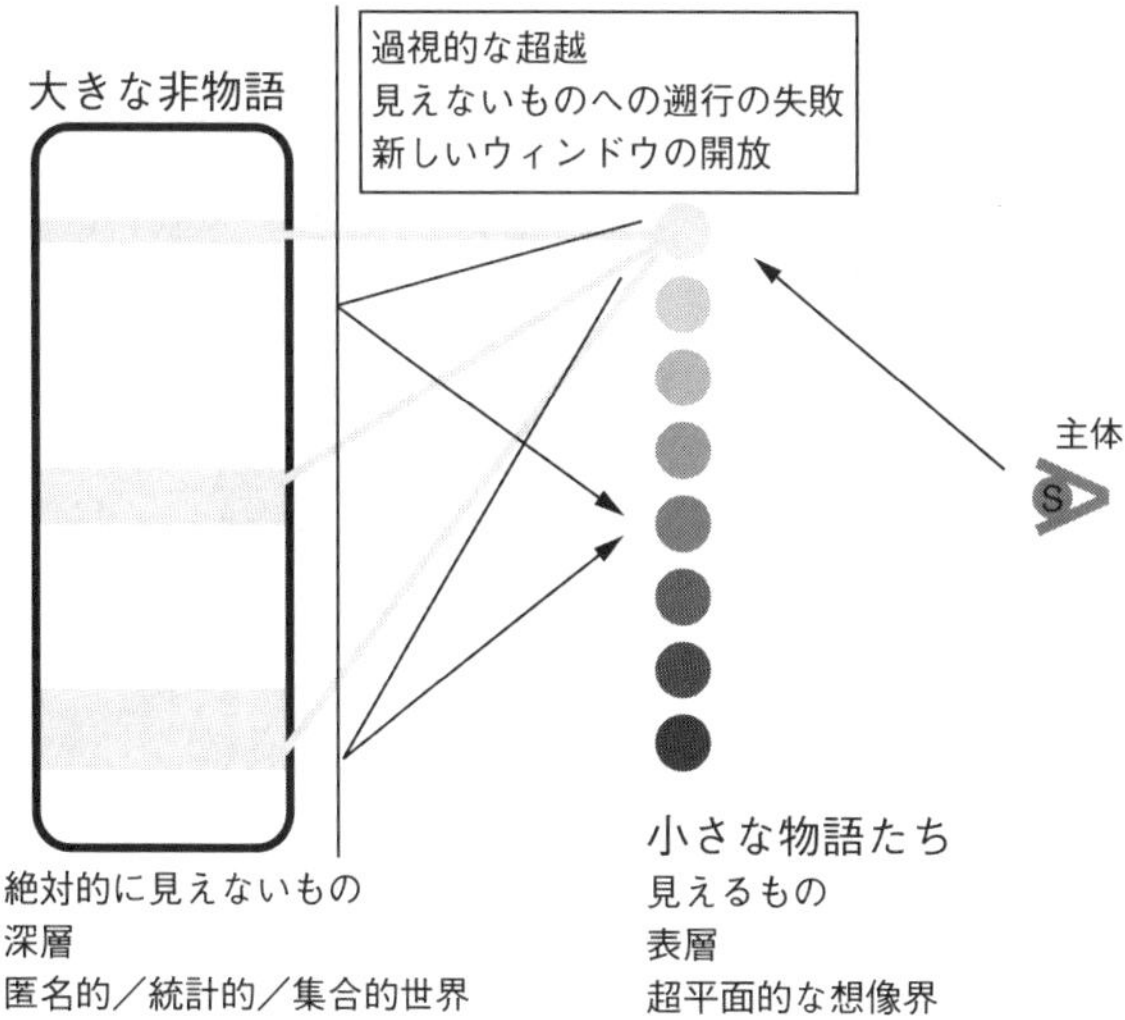

近代のツリー型世界では、表層と深層、小さな物語と大きな物語の両者は相似関係で繋がっていた。したがって、人々は前者から後者へと遡行することができた。これを「見えるもの」と「見えないもの」の比喩で捉えれば、近代では、まず小さな見えるものがあり、その背後に大きな見えないものがあり、前者から後者へと遡って、見えないものをつぎつぎと見えるものに変えていくことが世界理解のモデルだったと言うことができる(図19a)。近代的な超越性とは、何よりもまず視覚的な運動だったのだ。

しかしポストモダンのデータベース型世界では、その両者はもはや直接に繋がることがない。小さな物語は大きな非物語を部分的に読み込むことで生まれるが、同じ非物語からはまた別の小さな物語が無数に生まれうるのであり、そのいずれが優位かを決定する審級はない。つまり小さな物語から大きな非物語へと遡ることはできない。したがってここでは、まず目の前に小さな見えるものがあり、そしてそこから見えないものに遡ろうとしたとしても、それは見えた瞬間にただちに小さな物語へと変わってしまい、それに失望してふたたび見えないものへと向かう、という際限のない横滑りの運動が生じることになる(図19b)。

この過視的な**ポストモダンの超越性**は、視覚的な近代の超越性と異なり、つぎつぎと階層を遡りはするが、決して安定した最終審級に辿りつくことがない。おそらくはここからは興味深い哲学的な問題がいろいろと出てくるのだろうが、そちらの展開はまた別の機会に譲ることとしよう。

2——多重人格

二層構造を「見えるもの」にした作品

もうひとつはゲームについてである。ここで最後に取り上げたいのは、一九九六年に菅野ひろゆき（当時の名義は剣乃ゆきひろ）の監修で作られた『YU-NO』という作品だ。菅野の仕事はおもにギャルゲーとして発表されており、一般的な認知はそれほど高くない。しかしドラマとシステムの双方にまたがる彼の巧みなゲームデザインは、一部できわめて高い評価を得ている。

菅野の作品の中核にあるのは、ひとことで言えば物語の多層性の強調である。たとえば九四年の『DESIRE』や九五年の『EVE』では、ひとつの事件を同時に複数の登場人物の視点で見る「マルチサイト・システム」と呼ばれる手法が採用されている。また二〇〇〇年の『不確定世界の探偵紳士』では、ひとりの探偵が順番に事件を解決していくのではなく、複数の事件が同時に進行する独特のシステムが試みられている。この両者に共通するのは、ひとつの物語が複数に分岐していく通常のマルチエンディングではなく、ひとつしかない物語を同時に複数の視点から見るというアイデアである。そして『YU-NO』は、その菅野の試みのなかでもとりわけ複雑かつ周到に作られた作品だ。

『YU-NO』はギャルゲーであり、構造的にはシナリオ分岐型のアドベンチャーゲームである。ゲームの基本的な目的はキャラクターたちの攻略にあり、五人いる主要なキャラクターごとにシナリオが分岐し、それぞれの途中でポルノグラフィックなイラストが鑑賞できるシステムになっている。この構造は多くのギャルゲーと共通しているが、菅野はそこに重要なアイデアを加えている。この作品では主人公の目的は、単にそれぞれの女性を攻略するだけでなく、各分岐にまたがってばらまかれたアイテムを集め、失踪した父親を探し出すことだとされている。そのため主人公は、ゲームの冒頭で「並列世界」のあいだを移動できる「次元間移動装置」を渡されることになる。ここで「並列世界」とは、それぞれ異なった歴史を歩むパラレル・ワールド、つまり、主人公がそれぞれ異なった女性キャラクターとの恋愛を進めている分岐のことである。

この設定の導入は、『YU-NO』の主人公にメタギャルゲー的な二重性を与えている。

彼はひとつの分岐のなかを生きながら、同時にその分岐マップもまた見ることができるからだ。前章で用いた言葉で言えば、この作品ではプレイヤーは、シミュラークルの水準にある小さな物語（ドラマ）とデータベースの水準にある大きな非物語（システム）を同時に眺め、そのあいだを往復しながらゲームを進めることが要請されている、ということになる。次ページの図20の二つの画面は、それぞれ実際のプレイ画面である。図20aが並列世界のなかの画面であり、そこで右下のボタンのひとつをクリックすると図20bのメタ並列世界的な画面が現れる。分岐マップのなかにはマークが表示され、自分がいまどの歴史線上にいるのかすぐに確認でき、そしてほかの時間と空間に、あるていどの制限付きで飛び移ることができる。

このような構造をもつ作品の存在は、本書の議論にとってきわめて重要である。繰り返し論じているように、この「動物の時代」においては、シミュラークルの水準で生じる小さな物語への欲求と、データベースの水準で生じる大きな非物語への欲望が、切り離されたまま矛盾なく共存している。その結果九〇年代のオタク系文化では、一方で効率よく感動できる物語と効率よく感情移入できるキャラクターが何の迷いもなく探求され、他方でその効率性を支える萌え要素の群れが着々とデータベース化されてきた。ただしこの後者の領域は、『デ・ジ・キャラット』では、作品の背後に、ジャンルあるいはオタク系文化の全体に広がって見出されるほかなかった。それに対してノベルゲームは、作品そのもののなかにシミュラークルとデータベースの二層構造を抱え、かつ消費者がそれに簡単にアクセスできるという興味深い特徴を備えている。だからこそ筆者はノベルゲームに注目した

図20ａ『ＹＵ－ＮＯ』並列世界画面

図20ｂ『ＹＵ－ＮＯ』メタ並列世界画面

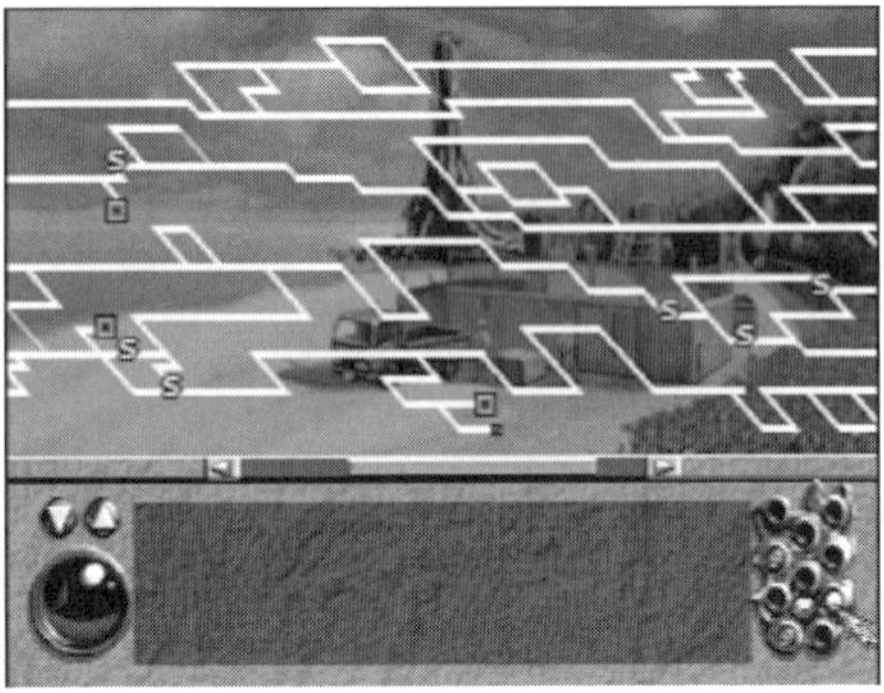

『ＹＵ－ＮＯ』制作/elf

わけだ。

しかし『YU-NO』は、その二層構造そのものさえ「見えるもの」にし、スクリーン上に表示してしまった点でさらに決定的な一歩を踏み出している。『痕』や『Air』のようなノベルゲームのプレイヤーは、それぞれのプレイのあいだは、システムが作り出した個々のドラマを素直に受容している。その背後の構造が解析され、シナリオやイラストが吸い出され、さらにそのまわりに情報交換や二次創作のコミュニケーションが張り巡らされるのは、あくまでもプレイの外側においてである。言い換えればそこでは、小さな物語への欲求は作品内で孤独に満たし、大きな非物語への欲望は作品外で社交的に満たす、という明確な分割が成立している。

ところが『YU-NO』は、そのドラマの外で生じるはずのコンプリートへの欲望すらドラマの内に組み込み、両方の情熱をともに作品内で満たすことを目指して作られている。ノベルゲームではドラマは見えるが、それを生み出すシステムは見えない。しかし『YU-NO』では、その両者がともに見えるかのような錯覚が作り出されているのだ。

言うまでもなく、『YU-NO』でもシステムのすべてが見えるわけではない。表示される分岐マップは、あくまでも本当のシステムが用意した見かけのシステムであり、そこでは重要な情報は隠されている。したがって『YU-NO』のデータパックもまた消費者によって解析されているし、そのまわりでオタクたちのコミュニケーションも繰り広げられている。つまり消費の二層化はこの作品をめぐっても生じており、その点で前述のようなノベルゲームと本質的に変わらないと言うこともできる。ドラマの消費とシステムの消費のこの二層化は、コンピュータ・ゲームの前提となる条件であり、この作品も決してそれを逃れているわけではない。しかしとはいえ、『YU-NO』が、そのような条件のなかにいながら、同時にその条件の自覚を目指したアクロバティックな試みであり、きわめて重要な作品であることは疑いない。

超平面的な世界に生きる主人公

さらに加えて『YU-NO』は、以上のようなシステム面だけではなく、ドラマ的にも注目すべき特徴を備えている。そのなかでも筆者が注目したいのは、並列世界を移動するごとに主人公の記憶が部分的に失われる、という奇妙な設定の存在である。

この設定は作品のなかでは必然性が低く、むしろほかの設定と齟齬を起こしている。たとえば、並行世界の移動によっても集めたアイテムは失われないので、記憶だけが失われるのはどう考えても理不尽だ。普通に考えて、自分がもっているアイテムを見れば、記憶も回復しそうなものである。それに実際に、ほかの並列世界で手に入れたアイテムを使わないと先に進めないシナリオ展開もあるので、この矛盾は決定的だと言えるだろう。制作過程に沿って考えれば、これは明らかに、『YU-NO』がギャルゲーであり、同時にメタギャルゲーとして作られたことで生じた矛盾である。ギャルゲーである以上、主人公は分岐のなかの世界を唯一の運命として辿らねばならないし、メタギャルゲーである以上、主人公はその世界が数ある分岐のひとつであることを自覚しておかねばならない。このような二重の設定が、並列世界間を移動する主人公が、一方で記憶を失いつつ、他方では行動を連続させているという矛盾した状態を引き起こしたわけだ。

しかしここで重要なのは、その状態が、単なる制作上の失敗によるものではなく、むしろポストモダンの特徴をあまりにきれいに反映した結果として生まれているということである。さきほども述べたように、ポストモダンにおいては、論理的な階層が異なるものを等価に並べ、共存させてしまう「超平面的」な感覚が優勢となる。ひとりの主人公が分岐の内部にいて、かつ分岐の外部にもいるという『YU-NO』の世界は、まさにその感覚に支えられて作られている。したがって、その超平面的な世界のなかで生きる主人公の記憶がときおり部分的に切断される、という設定にも、やはり私たちの時代の一面が反映されているのだ。

多重人格を求める文化

その一面とは「**多重人格**」の流行である。ひとりの人間のなかに複数の人格が宿り、ときに交代する、というこの精神疾患については、この一〇年間でかなり有名になったので知らない読者は少ないだろう。それは臨床的には「解離性同一性障害」と呼ばれ、精神医学界の公式の認知も受けている。しかしこの症例はじつは、五〇年代より前にはほとんど報告されず、また現在でも北米以外ではごく少数しか知られていない。多重人格の患者は、七〇年代にアメリカで急増し、八〇年代に公式に認知され、九〇年代には日本でも小説や映画を舞台に一種の流行にさえなったが、その歴史はごく短く細い。したがって、現実に患者がいて治療を必要としている以上、その実在は疑いえないとしても、それを生み出した要因が何なのか、という点についてはは社会学的な説明を否定するのが難しいのだ。この点で多重人格は、単なる医学現象というより、アメリカのある科学哲学者が指摘するように（注56）、二〇世紀後半の文化的な「運動」のひとつだと捉えたほうが分かりやすいだろう。この三〇年間、多重人格の報告数が急増し、また多重人格を主題とした作品がつぎつぎと現れるようになったのは、精神医学が突然に進歩したからではなく、むしろ、私たちの社会そのものが、何かしら多重人格的なモデルを強く求めてきたからなのである。

そしてその多重人格的なモデルとは、まさに記憶の部分的な断絶によって特徴づけられるものである。ひとりの人間のなかに複数の交代人格が区別される最大の根拠は、それらのあいだで記憶が断絶していることだ。ダニエル・キイスの紹介で有名になったビリー・ミリガンの言葉を借りれば、人格交代とは、「どこかで何かしてるとしますね。ところが、はっと気がつくと、別の場所にいて、時間がたったってことはわかるけど、何が起こったのかわからないんです」という体験である（注57）。

しかしその断絶は決して完全なものではない。たとえば、交代人格が数多く存在するときには、そのあいだにしばしば階層関係が生まれることが知られている。キイスはミリガンの症例を報告するなかで、「アーサー」と「レイゲン」と呼ばれる二つの人格が「われわれふたりが、誰が意識を持つべきか、持つべきでないかをきめよう」と相談する場面を描いている（注58）。この描写そのものはあまりに小説的で信憑性が低いにしても、類似した現象は医学論文でも報告されている。たとえば七〇年代のある症例では、交代人格が四つあり、そのうちAとBとCはみなDの行動や心理を完全に記憶していたが、Dはそのいずれにもまったく気がついていなかったと言われている（注59）。

つまり、多重人格の患者のなかにいる複数の交代人格とは、決して完全な他者なのではなく、同じ記憶や習慣を断片的に抱え、ときにほかの人格が行った行為の後始末に悩まされるような、部分的な他者なのである。彼らは身体を別の人格と共有し、ときに記憶の一部まで共有しながらも、それぞれ別のアイデンティティをもち、別の人生を歩んでいるのだと強く主張している。

このような曖昧な自己の感覚は、多くの読者には理解しにくいものだろう。しかしここで、前章で扱ったノベルゲームの例を思い起こされたい。繰り返すが、ノベルゲームの消費は二層から成立している。一方で消費者は、分岐ごとに異なった運命を生き、異なった人格（主人公の異なった側面）に同一化してプレイを楽しんでいる。人格Aが運命Aのなかで女性Aと恋に落ち、人格Bは運命Bで女性Bと、CはCと、DはDと、EはEと恋に落ちる。他方で消費者は、システムを解析し、画面を断片に分解することで、そのような運命をすべて相対化する視点ももっている。

筆者は前章でこの両者の共存を「解離的」と呼んでいたのだが、それはまた、多重人格の心理的な構造とも似ているのではないだろうか。ノベルゲームの各分岐の主人公に同一化するプレイヤーは、ほかの分岐をプレイしたときの記憶を部分的に蘇らせつつも、しかし目の前の分岐をひとつの独立した物語として読み進めていく。同じように多重人格の患者のなかにいる交代人格は、ほかの交代人格が生きた記憶を部分的に蘇らせつつも、しかし目の前の自己の感覚を基礎として生きていく。マルチストーリー・マルチエンディングというゲームの台頭は多重人格の流行を思わせる、といった印象論はいままでも頻繁に言われてきたが、確かにその両者には構造的な類似性があるのだ。複数の分岐を往復し、人生としては連続しているにもかかわらず、記憶だけが途切れがちな『YU-NO』の主人公の設定には、そのような多重人格的な生き方の特徴がよく凝縮されている。

ポストモダンの寓話

以上のことを念頭に置くと、主人公の設定だけではなく、『YU-NO』のドラマの全体が、ポストモダンの社会的な構造を主題とした物語として興味深く読み込めてくる。深読みとの批判を覚悟のうえで、最後にいくつか記してみよう。たとえばこの作品では、前述のように、主人公の目的は失われた父の捜索として設定されている。言い換えれば、主人公が並列世界のあいだを移動し、人格の分裂に曝されるのは、父が失われたことが原因なわけである。この設定はあたかも、大きな物語(父)が失われ、小さな物語が林立するポストモダンの特徴をそのまま寓話化したかのようだ。

加えてここで重要なのは、主人公がこの作品で父に会うことができるのが、すべての分岐をクリアーし、すべての女性キャラクターとの性行為を成就したのちのことだと設定されていることだろう。この設定は、多重人格の例で考えると、すべての交代人格が意識化され、統合され、結果として発症の原因となった心的外傷を思い出す、という標準的な治療の過程に相当している。分岐から分岐へと飛びまわり、それぞれの世界での主人公の欲望を目的に導いてやることで、『YU-NO』のプレイヤーは、いわば、多重人格障害に陥ってしまった主人公の心を再統合しているわけだ。

そしてこのような読みを進めると、さらに興味深い構成が明らかになる。じつは『YU-NO』のプレイは、「現世編」と「異世界編」と呼ばれる二つの部分に分かれている。前者のドラマの舞台は、日常的な生活空間であり、主人公は高校生に、女性たちは同級生や教師や義母に設定されている。いままで注目してきたようなメタギャルゲー的なシステムが採用されているのは、こちらの部分である。対照的に後者のドラマの舞台は、典型的なファンタジー世界であり、龍が飛び交い、剣と魔法が幅を利かせている。そしてこちらのシステムは今度は、実質的に分岐がほとんどない、オーソドックスなアドベンチャーゲームのものだ。この二つの部分はドラマ的にもシステム的にも大きく異なり、『YU-NO』は二つの異なったゲームの集合体だと言えるくらいである。

そしてここで注目すべきは、その二つの部分が、主人公が現世編ですべての女性を攻略し、必要なアイテムが揃い、父との再会の準備が整ったところで、何の前触れもなしに異世界編に飛ばされてしまうというかたちで繋がれていることである。つまり、この『YU-NO』の世界では、分裂した心の再統合が成功したにもかかわらず、父は復活せず、かわりにファンタジーが現れてしまうのだ。

もし現世編の分裂状態がポストモダンの寓話だったのだとすれば、この突然の切り替えの意味もまたはっきりしている。七〇年から九五年までの日本では、前述のように、大きな物語の喪失を補うためにさまざまなフェイクが考案され、また消費されてきた。『YU-NO』の切り替えは、そのような虚構の時代の条件、人々はすでに大きな物語を失ってしまったのであり、かりにそれを補おうとすれば捏造された虚構に頼るしかないという現実を明確に反映している。そこではもはや、現実的な物語は、「学園」や「街」という小さな閉鎖空間のなかでしか展開できない。そして、主人公がそこから脱出し、その小さな物語の背後にあるはずの大きな物語を知ろうと試みたとしても、それはもはや剣と魔法の世界としてしか想像できない。これはまさに、オウム真理教を支えた心理そのものだ。

異世界編に投げ入れられた主人公は、もはや父の手がかりを失っている。彼はふたたび父の捜索を始め、ロールプレイングゲームを思わせる類型的な冒険を再開するのだが、そこに登場するのは、かつて性行為を交わし、あるいはこれから交わす女性たちばかりである。そしてその冒険の最後に目にするのも、本来は父がいるべき「神帝」の座に座った義母の姿であり、またその母を救うために現れる実娘である。大きな物語＝父と出会えるはずだった場所は、いまや近親の女性たちで埋め尽くされており、プレイヤーは決して父に出会うことがない。

かといって父は死んだのでもなく、「思念体」として亡霊のように時空間の狭間を彷徨っていることになっており、物語の最後ではむしろその亡霊が決定権を握っている。主人公のほうはと言えば、父が愛した義母と性行為を交わし、さらには娘とも性行為を交わすが、だれも何も救うことはできず、ただ時空の彼方に飛ばされてしまうだけだ。そういう過程を経て『YU-NO』の全体は、結局、当初の目的に到達することなく、最初の場面に戻って円環的に閉じることになる。このようなドラマは一見単なる空想に見えるし、それは確かにそうだ。しかしそれでも筆者には、その空想こそが、大きな物語の凋落のあと、世界の意味を再建しようと試みて果たせず、結局はただ小さな感情移入を積み重ねることしかできない私たちの時代のリアリティを、独特の手触りで伝えているように思われる。

いずれにせよ筆者は、以上のような点で『YU-NO』は、現世編のシステムではデータベース消費の二層構造を、現世編のドラマでは多重人格的な生き方を、そして異世界編のドラマでは物語消費の幻想の限界を描いた、きわめて周到な作品だと考えている。「ポストモダン」や「オタク系文化」というと、社会的な現実から切り離され、虚構のなかに自閉したシミュラークルの戯れを想像する読者も多いかもしれないが、そこにもやはりこのような作品があるのだ。このようなすぐれた作品について、ハイカルチャーだサブカルチャーだ、学問だオタクだ、大人向けだ子供向けだ、芸術だエンターテインメントだといった区別なしに、自由に分析し、自由に批評できるような時代を作るために、本書は書かれている。これ以降の展開は、読者ひとりひとりの手に委ねたい。

注

注1

現在私たちが使っているような「オタク」という表現（サブカルチャー集団の名称としての表現）は、一九八三年に中森明夫によって初めて用いられた。『おたくの本』参照。その起源となった「おたく」という呼び名そのものは、六〇年代のSFファンダムにまで遡ると言われている。なお、本書では書誌情報は巻末の参考文献表にまとめてある。

注2

『週刊読売』一九八九年九月一〇日号。中森明夫の紹介より引用。『おたくの本』、九〇頁。

注3

『オタク学入門』、一〇、四九頁。

注4

竹熊健太郎の示唆によれば、オタク系文化の起源のひとつは、六〇年代の大伴昌司の活動にある。大伴は七三年に三七歳で急死したコラムニスト・編集者であり、怪獣ブームの仕掛け人としても知られる。彼は六一年にマスメディアに登場し、六六年から七一年まで、『少年マガジン』を舞台に、怪獣、ミステリ、SF、オカルト、ロボット、コンピュータなど、のちのオタク系文化の中核となる話題について多くの記事を書き続けた。

注5

そのひとつの例が、森川嘉一郎が指摘するような、秋葉原の急速なオタク化である。九〇年代の秋葉原は、家電の街でもコンピュータの街でもなく、情報産業とサブカルチャーの融合が果たされた希有な地域に成長していた。本文ではとくに触れなかったが、のち参照する『デ・ジ・キャラット』や九八年に大月俊倫が制作した『アキハバラ電脳組』に見られるように、九〇年代のオタク系作品は秋葉原という街と深く結びついている。それは、七〇年代から八〇年代にかけてのオタク系文化が中央線沿線の光景と結びついていたのとは対照的である。この意味で九〇年代のオタク系文化は、「渋谷系」や「新宿系」や「下北沢系」のように、地名で「秋葉原系」と名づけてもいいかもしれない。

注6

さらに正確に言えば、本書でおもに扱うのは、第三世代の男性のオタクたちの動きである。コミケ（コミック・マーケット）の日程が長いこと二日に分けられ、暗黙のうちに男性向けと女性向けに区別されていたことに象徴されるように、オタク系文化における性差は無視できないものがある。しかし本書ではそこまで触れられなかった。

注7

『物語消費論』、二〇—二四頁。『オタク学入門』、二二四頁以下。

注8

『スーパーフラット』所収のエッセイ「スーパーフラット日本美術論」参照。フィギュアと仏像彫刻の類比については、二〇〇〇年八月二〇日に「ワンダーフェスティバル２０００」で行われた講演で触れられている。

注9

コミックにしろアニメにしろ雑誌文化にしろ、それら単独で見たときには、アメリカからの影響は三〇年代まで遡ることができる。そして実際に、その蓄積は戦後のオタク系文化の展開に大きな影響を与えている。たとえば近年では、いままで手塚治虫が開発したとされてきたさまざまな技法が、じつは戦前の漫画家たちから継承されたものであることが明らかになりつつある。しかし、その影響が第二次大戦によりいちど中断され、戦後まったく異なった環境で再開されたことは疑いえない。オタク系文化というサブカルチャーのまとまりが生まれたのは、その後の話である。

注10
森卓也の発言。『アニメーション入門』、三〇―三一頁参照。

注11
小黒祐一郎との会話で示唆を受けた。

注12
『日本・現代・美術』、九四頁以下。

注13
「ポストモダン再考」参照。同論文は筆者の個人ウェブサイトでも公開されている。URL=http://www.hirokiazuma.com/

注14
たとえば柄谷行人の指摘。『批評とポスト・モダン』所収の表題論文を参照。

注15
じつはこの作品は、八〇年代の日本で政治的な想像力がいかに空転していたかを知るうえでも、たいへん示唆的なプロットを含んでいる。『メガゾーン23』の東京は、本文でも記したように、宇宙船のコンピュータにより作られた虚構にすぎない。それが明らかになるのは、宇宙船の外部から「敵」が到来し、その敵に対抗するために「軍」がコンピュータを掌握したからである。しかしその「軍」は、東京都民に対しては、敵が外の宇宙から到来したものであることは明らかにせず、徹底して「某国」との戦争だと偽り続

ける。このような抽象的な設定は、作品の政治的なメッセージ（右傾化批判）が明らかであるがゆえに、かえって当時の人々の想像力の性質を明らかにしている。八〇年代半ばの日本は確かに右傾化しており、それは九〇年代まで続いている。しかし、その右傾化が何に対してのものなのか、だれが「敵」として到来し、そこで得をするのがだれなのか、もはや批判する側もよく分からなくなっていた。したがって、『メガゾーン23』の制作者たちは、彼らの感じた現実的な危機意識を、非現実的な設定のうえにのせるしかなかったのである。宇宙船の外から敵がやってくる、という抽象的な設定こそがもっともリアルに感じられてしまうような、そういう奇妙な空気が八〇年代には存在した。

注16

『オタク学入門』、二三〇頁以下。『スーパーフラット』、巻頭言。『E.V.café』、三五一頁。

注17

ボードリヤールの「シミュラークル」の概念については、七六年の『象徴交換と死』および八一年の『シミュラークルとシミュレーション』の二冊が参考になる。どちらも邦訳は簡単に手に入るので、興味のある読者は一読されたい。

注18

『コミュニケーション不全症候群』、四四、四九頁。

注19

「大きな物語の凋落」について、もっとも基礎的な著作は七九年の『ポストモダンの条件』である。この著作の分析はおもに学問の世界の変化を対象にして行われているが、その後、リオタールのこの言葉はさまざまに拡大解釈され、七〇年代以降の世界の特徴を捉える便利な概念として流通していった。本書で「大きな物語」というときには、リオタールの固有の概念というより、それらさまざまな拡大解釈も含めた広い概念として使っている。

注20
『電子メディア論』、二五九頁以下。

注21
『物語消費論』、一三―一四、一七―一八、一八―一九頁。

注22
リゾーム・モデルの性質についてもっとも参考になる著作は、浅田彰の『構造と力』である。とりわけ二三六―二三七頁の見開きのチャートは便利である。ちなみに、浅田の説明では、ツリー・モデルは前近代のモデルで、クラインの壷モデルこそが近代のモデルだということになるのだが、この両者はむしろ同じシステムの表裏であり、その表裏が一体となってツリー・モデルは維持されると考えたほうがよい。その点の哲学的な細部に関心のあるかたは、筆者の『存在論的、郵便的』を参照されたい。そこでは、ツリー・モデルが「形而上学システム」と、クラインの壷モデルが「否定神学システム」と呼ばれている。

注23
『虚構の時代の果て』、五二頁以下。

注24
『物語消費論』、二六頁以下。

注25
『不確定世界の探偵紳士　ワールドガイダンス』、一二九頁以下の記事を参照。

注26
URL＝http://www.tinami.com/

注27
『デ・ジ・キャラット②』、一二、一九―二〇頁。
注28
『物語の体操』、一九八頁以下。
注29
九〇年代のミステリにおける「コード」の脱構築の問題については、笠井潔の『探偵小説論II』がもっとも参考になる。
注30
『コズミック』、二七五頁。
注31
邦訳は『ボードレール』所収。
注32
『象徴交換と死』、一四頁。
注33
『象徴交換と死』、一五二頁。
注34
たとえば、本文で掲げた図13は、『S・M・P・ko2』の「B形態」と呼ばれる作品であり、等身大のフィギュアである。この造形は少女（A形態）から戦闘機（C形態）への架空の変形過程の中間という設定であり、緑色の髪や白いボディスーツなど、オタク的な意匠を詰め込んで作られている。しかしここで注目すべきは、その機首に刻まれたリアルな女性器である。

本文でものちに登場する精神科医の斎藤環は、『戦闘美少女の精神分析』で、オタクたちの性的な欲望は「徹底して空虚な存在」である「ペニスに同一化した少女」に向けられていると論じ、その少女のイメージを「戦闘美少女」と呼んだ。分かりやすく言い換えれば、オタク系文化で消費される少女のイメージは、現実の女性とは基本的に関係なく、むしろ、オタクたちの自分自身のペニスへの執着が投影されたもの、つまり、ナルシシズムの投影によって作られたフェティシュだということである。全裸の少女がペニス的な形態をもつメカニックへと変形する『S・M・P・ko2』の連作は、まさにこの斎藤と同じ洞察に導かれて作られている。つまり村上はそこで、「戦闘美少女とは実はオタクたち自身のペニスなのだ」という隠された構造を、ペニスにそっくりの機首に刻まれた女性器として作品化し、オタクたちに突きつけているのだ。村上の作品の魅力と批評性は、こういう文脈で見るとたいへんよく理解できる。

注35

前掲の「ワンダーフェスティバル2000」で行われた、あさのまさひこと村上と著者によるトークショー「見えないものを見えるようにする」での発言。

注36

椹木野衣の記述。『シミュレーショニズム』、一一頁。

注37

『ヘーゲル読解入門』、二四五頁。以下の注39、40とともに、引用部分は原著から訳しているので、邦訳とは多少の齟齬がある。

注38

『オタク学入門』、一二一頁。

注39

注40 『ヘーゲル読解入門』、二四七頁。一部引用符を外した。

注41 『イデオロギーの崇高な対象』、二九八―二九九頁。

注42 『シニカル理性批判』、一三五頁。

注43 『電子メディア論』、二七九、二八六頁。

注44 『戦後の思想空間』、二二八頁。『虚構の時代の果て』、四〇頁。

注45 ギャルゲーの歴史を大雑把に掴むためには、『パソコン美少女ゲーム歴史大全』が便利である。

注46 参考のため記しておけば、利用したのはSusie32 ver0.45aに、Leaf PAK AX ver0.27とLeaf CG to DIB ver0.27のプラグインを入れたものである。

注47 コジェーヴは正確には、「人間的欲望」と「動物的欲望」という言葉を用いている。しかし、この区別は煩雑なため、本文ではあえて別の言葉で言い直した。用いたのはラカン派精神分析の術語である。ラカン派では、「欲望 désir」という言葉で人間の欲望のみを意味し、コジェーヴが「動物的欲望」と呼んだものには「欲求 besoin」という別の言葉を割り当てている。

『戦闘美少女の精神分析』、五三頁など。

注48

とはいえ筆者はここで、やおいものを中心に消費している女性のオタクたちについては留保をつけておきたい。筆者の数少ない経験から言うと、すっかり動物化してしまったギャルゲーの消費者と比較して、やおいものを愛する女性のオタクたちの創作動機や消費行動ははるかに人間的で、セクシュアリティの問題と密接に関係するように見えることも多いからである。注6でも述べたように本書の重点はどちらかといえば男性のオタクたちにあるので、オタク系文化のこの大きな側面にはあえて触れてこなかった。しかし、他方で、商業ベースでの動きを見るかぎり、その女性たちですら、若い世代では動物化しデータベース化しつつあるようにも思われる。そこらへんの正確な事情は、残念ながら、調査不足で筆者にはよく分からない。

注49

『制服少女たちの選択』、二四八、二六七頁。

注50

『終わりなき日常を生きろ』、一六八頁。

注51

『日経BPデジタル大事典』、四三〇頁。

注52

正確には、スタイルシートを用いたり、ブラウザ判別のJAVA Scriptを用いるなどさまざまな回避方法があるが、ここでは基本的な特徴について述べている。いずれにせよ、内容の論理的関係の指示と視覚的表現の指定を切り離すことは、ワールド・ワイド・ウェブ・コンソーシアムの勧告でも強く推奨されている。"Web Content Accessibility Guidelines 1.0"を参照されたい。URL＝http://www.w3.org/TR/WCAG/

注53

言うまでもなく、ウェブページの意味や内容が、それら数少ないタグやスクリプトによってすべて表現され尽くされることはありえない。しかしHTMLの文法は、というよりも、それを生み出したコンピュータ文化そのものが、かつては「見えないもの」だった意味の領域をできるだけ「見えるもの」に変え、コード化し論理化しようとする情熱を原理的に抱えている。計算機科学や情報理論とは、そもそもが、すべてが見えること、すべてが操作可能であることを理想とした学なのだ。それは思想史的には、二〇世紀前半の論理実証主義から引き継がれたものである。インターネットが大衆化し、コンピュータがマルチメディア化するにつれて、そのような理知的な傾向は一見曖昧になったように感じられるが、奥底の流れは変わらない。

注54

この言葉は、村上隆がこの数年、自作を中心とした美術運動を特徴づけるため用いている「スーパーフラット」から影響を受けている。とはいえ、ここでの「超平面性」は、ポストモダンの記号的世界の特徴のみを指す狭い概念であり、村上の概念とはかなり異なる。村上の「スーパーフラット」は、作品の視覚的な特徴だけでなく、社会構造やコミュニケーションの特徴まで含む感覚的な言葉である。

注55

筆者はかつて同じ状態を「郵便的不安」と表現した。『郵便的不安たち』参照。

注56

イアン・ハッキング、『記憶を書きかえる』、第三章参照。

注57
『24人のビリー・ミリガン』、上巻一〇二―一〇三頁。

注58
『24人のビリー・ミリガン』、上巻四四三頁。

注59
『多重人格障害』所収のアーノルド・M・ラドヴィッグらの論文を参照。多重人格障害における記憶の問題について、より詳しくは、フランク・W・パトナムの『解離』第六章、とりわけ一五五頁以下を読まれたい。

参考文献

浅田彰『構造と力』、勁草書房、一九八三年。

東浩紀『存在論的、郵便的』、新潮社、一九九八年。

東浩紀『郵便的不安たち』、朝日新聞社、一九九九年。

東浩紀「ポストモダン再考」、『郵便的不安たち#』、朝日文庫、二〇〇二年。

大澤真幸『電子メディア論』、新曜社、一九九五年。

大澤真幸『虚構の時代の果て』、筑摩書房（ちくま新書）、一九九六年。

大澤真幸『戦後の思想空間』、筑摩書房（ちくま新書）、一九九八年。

大塚英志『物語消費論』、新曜社、一九八九年。

大塚英志『物語の体操』、朝日新聞社、二〇〇〇年。

岡田斗司夫『オタク学入門』、太田出版、一九九六年。

笠井潔『探偵小説論II』、東京創元社、一九九八年。

笠原敏雄（編）『多重人格障害』、春秋社、一九九九年。

柄谷行人『批評とポスト・モダン』、福武書店（福武文庫）、一九八九年。

ダニエル・キイス『24人のビリー・ミリガン』、堀内静子訳、早川書房（ダニエル・キイス文庫）、一九九九年。

アレクサンドル・コジェーヴ『ヘーゲル読解入門』、上妻精・今野雅方訳、国文社、一九八七年。

斎藤環『戦闘美少女の精神分析』、太田出版、二〇〇〇年。

坂本龍一・村上龍（共著）『E.V. café』、講談社（講談社文庫）、一九八九年。

椹木野衣『シミュレーショニズム』、河出書房新社（河出文庫）、一九九四年。

椹木野衣『日本・現代・美術』、新潮社、一九九八年。

塩田信之・CB's Project（編）『不確定世界の探偵紳士　ワールドガイダンス』、ソフトバンクパブリッシング、二〇〇〇年。

スラヴォイ・ジジェク『イデオロギーの崇高な対象』、鈴木晶訳、河出書房新社、二〇〇〇年。

ペーター・スローターダイク『シニカル理性批判』、高田珠樹訳、ミネルヴァ書房、一九九六年。

清涼院流水『コズミック』、講談社（講談社ノベルス）、一九九六年。

清涼院流水『ジョーカー』、講談社（講談社ノベルス）、一九九七年。

清涼院流水『19ボックス』、講談社（講談社ノベルス）、一九九七年。

清涼院流水『カーニバル』、講談社（講談社ノベルス）、一九九九年。

中島梓『コミュニケーション不全症候群』、筑摩書房（ちくま文庫）、一九九五年。

パソコン美少女ゲーム研究会（編）『パソコン美少女ゲーム歴史大全』、ぶんか社、二〇〇〇年。

イアン・ハッキング『記憶を書きかえる』、北沢格訳、早川書房、一九九八年。

フランク・W・パトナム『解離』、中井久夫訳、みすず書房、二〇〇一年。

ヴァルター・ベンヤミン『ボードレール』、野村修編訳、岩波書店（岩波文庫）、一九九四年。

ジャン・ボードリヤール『象徴交換と死』、今村仁司・塚原史訳、筑摩書房（ちくま学芸文庫）、一九九二年。

ジャン・ボードリヤール『シミュラークルとシミュレーション』、竹原あき子訳、法政大学出版局、一九八四年。

宮台真司『制服少女たちの選択』、講談社、一九九四年。

宮台真司『終わりなき日常を生きろ』、筑摩書房（ちくま文庫）、一九九八年。

村上隆（編）『スーパーフラット』、マドラ出版、二〇〇〇年。

森卓也『アニメーション入門』、美術出版社、一九六六年。

菜の花こねこ『デ・ジ・キャラット②』、角川書店（電撃文庫）、二〇〇〇年。

ジャン＝フランソワ・リオタール『ポストモダンの条件』、小林康夫訳、書肆風の薔薇、一九八六年。

『おたくの本』（『別冊宝島』一〇四号）、ＪＩＣＣ出版局、一九八九年。

『日経ＢＰデジタル大事典』第三版、日経ＢＰ社、二〇〇〇年。

参照作品

本書で言及された作品については、以下、名称とジャンルだけを並べておく。サブカルチャーの性質上、各作品の販売元や入手方法は頻繁に変わる可能性があるので、興味をもった読者は各自インターネットで検索するのが確実である。

『アキハバラ電脳組』ＴＶアニメ
『綾波育成計画』シミュレーションゲーム
『ＥＶＥ　ｂｕｒｓｔ　ｅｒｒｏｒ』アドベンチャーゲーム
『宇宙戦艦ヤマト』ＴＶアニメ
『うる星やつら』マンガ／ＴＶアニメ

『Ａｉｒ』ノベルゲーム
『Ｓ・Ｍ・Ｐ・ｋｏ２』美術作品
『ＥＶＡＮＧＥＬＩＯＮ　ＤＥＡＴＨ』劇場用アニメ
『弟切草』ノベルゲーム
『カードキャプターさくら』マンガ／ＴＶアニメ
『Ｋａｎｏｎ』ノベルゲーム
『痕』ノベルゲーム
『機動戦艦ナデシコ』ＴＶアニメ
『機動戦士ガンダム』ＴＶアニメ
『機動戦士ガンダムＺＺ』ＴＶアニメ
『機動戦士Ｚガンダム』ＴＶアニメ
『逆襲のシャア』劇場用アニメ
『くりぃむレモン・黒猫館』ＯＶＡ（オリジナル・ビデオ・アニメーション）
『幻魔大戦』劇場用アニメ
『雫』ノベルゲーム
『新世紀エヴァンゲリオン』ＴＶアニメ
『セイバーマリオネットＪ』ＴＶアニメ
『聖闘士星矢』マンガ／ＴＶアニメ
『太陽の王子　ホルスの大冒険』劇場用アニメ
『ＤＥＳＩＲＥ』アドベンチャーゲーム

『デ・ジ・キャラット』メディアミックス企画
『鉄腕アトム』TVアニメ
『To Heart』ノベルゲーム
『DOB』美術作品
『美少女戦士セーラームーン』マンガ／TVアニメ
『不確定世界の探偵紳士』アドベンチャーゲーム
『メガゾーン23』OVA（オリジナル・ビデオ・アニメーション）
『YU-NO』アドベンチャーゲーム
『リーフファイト』トレーディングカードゲーム

謝辞

本書の論述は、『ユリイカ』誌二〇〇一年二月号、三月号、五月号、七月号に分割して掲載された「過視的なものたち」を大幅に改稿したものである。掲載時にお世話になった青土社の山本充氏と、それを新書にまとめるにあたりお世話になった講談社の田中浩史氏にまず感謝したい。また、引用された図版の原作者のみなさんにも、深く感謝したい。著作権の扱いをおろそかにするのは許されないが、引用の自由は、二次創作に満たされた私たちの文化の基礎条件である。

そして最後になったが、一五年以上も前に見た押井守の映画の衝撃が忘れられず、その残り火でアニメ界隈をうろうろしていた旧世代の筆者に対して、ノベルゲームやら同人ソフトやら、近年のオタク系文化の動きを示す作品をつぎつぎと持ち込んでくれた若い友人たちにも礼を言いたいと思う。サブカルチャーを主題とする本は発刊したときにはすでに時代遅れであることが多く、それはまたサブカルチャーの性質上避けられないものなのだが、にもかかわらず本書の記述に多少とも新鮮な部分があるとすれば、それは全面的に彼らのおかげである。

講談社現代新書　1575

動物化《どうぶつか》するポストモダン　オタクから見《み》た日本社会《にほんしゃかい》

二〇〇一年一一月二〇日第一刷発行　二〇〇八年一二月一八日第一八刷発行

著者——東《あずま》　浩紀《ひろき》　©Hiroki Azuma 2001

発行者——中沢義彦　発行所——株式会社講談社

東京都文京区音羽二丁目一二—二一　郵便番号一一二—八〇〇一

電話（出版部）〇三—五三九五—三五二一　（販売部）〇三—五三九五—五八一七　（業務部）〇三—五三九五—三六一五

カバー・表紙デザイン——中島英樹

印刷所——凸版印刷株式会社　製本所——株式会社大進堂

（定価はカバーに表示してあります）　Printed in Japan

N.D.C.150　193p　18cm

ISBN4-06-149575-5

「講談社現代新書」の刊行にあたって

教養は万人が身をもって養い創造すべきものであって、一部の専門家の占有物として、ただ一方的に人々の手もとに配布され伝達されうるものではありません。

しかし、不幸にしてわが国の現状では、教養の重要な養いとなるべき書物は、ほとんど講壇からの天下りや単なる解説に終始し、知識技術を真剣に希求する青少年・学生・一般民衆の根本的な疑問や興味は、けっして十分に答えられ、解きほぐされ、手引きされることがありません。万人の内奥から発した真正の教養への芽ばえが、こうして放置され、むなしく滅びさる運命にゆだねられているのです。

このことは、中・高校だけで教育をおわる人々の成長をはばんでいるだけでなく、大学に進んだり、インテリと目されたりする人々の精神力の健康さえもむしばみ、わが国の文化の実質をまことに脆弱なものにしています。単なる博識以上の根強い思索力・判断力、および確かな技術にささえられた教養を必要とする日本の将来にとって、これは真剣に憂慮されなければならない事態であるといわなければなりません。

わたしたちの「講談社現代新書」は、この事態の克服を意図して計画されたものです。これによってわたしたちは、講壇からの天下りでもなく、単なる解説書でもない、もっぱら万人の魂に生ずる初発的かつ根本的な問題をとらえ、掘り起こし、手引きし、しかも最新の知識への展望を万人に確立させる書物を、新しく世の中に送り出したいと念願しています。

わたしたちは、創業以来民衆を対象とする啓蒙の仕事に専心してきた講談社にとって、これこそもっともふさわしい課題であり、伝統ある出版社としての義務でもあると考えているのです。

一九六四年四月　野間省一

哲学・思想I

66 哲学のすすめ——岩崎武雄
159 弁証法はどういう科学か 三浦つとむ
501 ニーチェとの対話——西尾幹二
871 言葉と無意識——丸山圭三郎
881 うそとパラドックス 内井惣七
898 はじめての構造主義—橋爪大三郎
916 哲学入門一歩前——廣松渉
921 現代思想を読む事典 今村仁司 編
977 哲学の歴史——新田義弘
989 ミシェル・フーコー—内田隆三
1001 今こそマルクスを読み返す—廣松渉
1286 哲学の謎——野矢茂樹

1293 「時間」を哲学する—中島義道
1301 〈子ども〉のための哲学 永井均
1315 じぶん・この不思議な存在—鷲田清一
1325 デカルト=哲学のすすめ—小泉義之
1357 新しいヘーゲル——長谷川宏
1383 カントの人間学——中島義道
1401 これがニーチェだ——永井均
1406 哲学の最前線——冨田恭彦
1420 無限論の教室——野矢茂樹
1466 ゲーデルの哲学—高橋昌一郎
1504 ドゥルーズの哲学—小泉義之
1575 動物化するポストモダン—東浩紀
1582 ロボットの心——柴田正良

1600 ハイデガー=存在神秘の哲学——古東哲明
1635 これが現象学だ——谷徹
1638 時間は実在するか 入不二基義
1675 ウィトゲンシュタインはこう考えた—鬼界彰夫
1745 私・今・そして神——永井均
1783 スピノザの世界——上野修
1788 カーニヴァル化する社会—鈴木謙介
1817 対話・心の哲学——冨田恭彦
1821 「責任」ってなに？——大庭健
1839 読む哲学事典——田島正樹
1883 ゲーム的リアリズムの誕生—東浩紀

哲学・思想Ⅱ

13 論語——貝塚茂樹
285 正しく考えるために 岩崎武雄
324 美について——今道友信
846 老荘を読む——蜂屋邦夫
1007 日本の風景・西欧の景観——オギュスタン・ベルク 篠田勝英 訳
1123 はじめてのインド哲学 立川武蔵
1150 「欲望」と資本主義——佐伯啓思
1163 「孫子」を読む——浅野裕一
1247 メタファー思考——瀬戸賢一
1248 20世紀言語学入門—加賀野井秀一
1278 ラカンの精神分析——新宮一成
1358 「教養」とは何か——阿部謹也
1436 古事記と日本書紀 神野志隆光
1439 〈意識〉とは何だろうか—下條信輔
1458 シュタイナー入門——西平直
1542 自由はどこまで可能か 森村進
1544 倫理という力——前田英樹
1554 丸山眞男をどう読むか 長谷川宏
1560 神道の逆襲——菅野覚明
1579 民族とは何か——関曠野
1629 「タオ＝道」の思想 林田愼之助
1669 原理主義とは何か——小川忠
1688 天皇論を読む——近代日本思想研究会 編
1741 武士道の逆襲——菅野覚明
1749 自由とは何か——佐伯啓思
1763 ソシュールと言語学——町田健
1776 「日本」とは何か——神野志隆光
1819 歴史認識を乗り越える 小倉紀蔵
1849 系統樹思考の世界——三中信宏
1867 現代建築に関する16章—五十嵐太郎
1875 日本を甦らせる政治思想—菊池理夫
1919 国家・個人・宗教——稲垣久和

文学

日本語・日本文化

105 タテ社会の人間関係　中根千枝
293 日本人の意識構造——会田雄次
444 出雲神話——松前健
937 カレーライスと日本人　森枝卓士
1193 漢字の字源——阿辻哲次
1200 外国語としての日本語——佐々木瑞枝
1239 武士道とエロス——氏家幹人
1262 「世間」とは何か——阿部謹也
1384 マンガと「戦争」——夏目房之介
1432 江戸の性風俗——氏家幹人
1448 日本人のしつけは衰退したか——広田照幸
1551 キリスト教と日本人　井上章一
1553 教養としての〈まんが・アニメ〉——大塚英志 ササキバラ・ゴウ
1618 まちがいだらけの日本語文法　町田健
1703 「おたく」の精神史——大塚英志
1718 〈美少女〉の現代史——ササキバラ・ゴウ
1738 大人のための文章教室　清水義範
1762 性の用語集——井上章一 関西性欲研究会
1878 茶人たちの日本文化史——谷晃
1886 思いやりの日本人——佐藤綾子
1889 なぜ日本人は劣化したか——香山リカ
1901 モスラの精神史——小野俊太郎
1916 国語審議会——安田敏朗
1923 にっぽんの知恵——高田公理
1928 漢字を楽しむ——阿辻哲次

『本』年間予約購読のご案内

小社発行の読書人向けPR誌『本』の直接定期購読をお受けしています。

お申し込み方法

ハガキ・FAXでのお申し込み　お客様の郵便番号・ご住所・お名前・お電話番号・生年月日（西暦）・性別・職業と、購読期間（１年900円か２年1,800円）をご記入ください。
〒112-8001　東京都文京区音羽2-12-21　講談社　読者ご注文係「本」定期購読担当
電話・インターネットでのお申し込みもお受けしています。
TEL 03-3943-5111　FAX 03-3943-2459　http://shop.kodansha.jp/bc/

購読料金のお支払い方法

お申し込みと同時に、購読料金を記入した郵便振替用紙をお届けします。
郵便局のほか、コンビニでもお支払いいただけます。